Perfekt zubereitet

KAFFEE ESPRESSO & BARISTA

Thomas Leeb Ingo Rogalla

Meine Leidenschaft für Kaffee entbrannte nach den ersten Röstungen und Degustationen für die Entwicklung eines Coffee Shops. Lehrreisen, Schulungen und viele Gespräche mit der Gourmet Kaffee Branche begeisterten mich immer mehr für Rohkaffeequalitäten, Röstungen und vor allem Espresso. Wann bekomme ich „den perfekten Espresso"? Viel Übung und Detailliebe hoben Anspruch und Interesse an Einflusskriterien und Verbesserungen. Heute versuche ich in meinen Schulungen mein Wissen, meine gesammelten Erfahrungen, aber vor allem die Freude am Kaffeegeschäft weiterzugeben.

Ingo Rogalla

Röchelnd, sprutzelnd, pfeifend und fauchend spritzte gurgelnd schwarzer Kaffee schäumend in die silbrigglänzende Aluminiumkanne. „Luxa Express Italy“ war zu lesen. Anfang der sechziger Jahre hatten die Eltern das Maschinchen in Grado bei Venedig gekauft. Zuhause brach eine neue Ära an, der ehrwürdige Porzellanfilter hatte es nun schwer. War es die sorgfältige Prozedur beim Mahlen und Zusammenschrauben, war es der wunderbare Geruch, auf jeden Fall die Geräusche, das gemeinsame Erlebnis oder der andere Geschmack – ein „afficionado“, der Kaffeefan war geboren. *Thomas Leeb*

5

6

Inhalt

1. Begleitwort 4
   Thomas Leeb Ingo Rogalla

2. Vorwort 8

3. Kaffee 10
   A Physiologische & medizinische Wirkung 12
   B Die Pflanze, Herkunft & Anbau 18
   C Ernte & Aufbereitung, Lagerung & Transport 24
   D Rösten – Verfahren & Bedeutung 30
   E Verpackung & Lagerung 33
   F Mahlen – Technik & Bedeutung 34

4. Wasser & Filter 36
   A Wasser 38
   B Filtertechniken 40
   C Hygiene & Materialien 42

5. Die perfekte Zubereitung 44
   A Brühen, Kannenaufguss, die Infusion 47
   B Türkische & orientalische Methode 48
   C Filterprinzip & Techniken 50
   D Kolbenkaffee & Espresso 62
   E Milch, Qualität & Zubereitung 65
   F Zucker 76
   G Kaffee Kultur 78

6. Espresso 82
   A Umwelteinflüsse 85
   B Maschinenkriterien 87
   C Der barista – der menschliche Faktor 95

7. Welche Technik wofür? 108

8. Die Beurteilungskriterien für Kaffee 114

9. Checkliste: Wenn der Kaffee nicht schmeckt 118

10. Bibliografie 125

11. Impressum 127

Vorwort

Möchten Sie eine Tasse Kaffee? Wie oft hören wir uns„ Jaa, gerne!“ sagen und möchten am liebsten hinzufügen: Aber eine gute, bitte! Auf dass es uns nicht ergehe wie Winston Churchill, der zu einem Kellner sagte: „If this is tea, please bring me a coffee, is it coffee, bring me a tea!“
So ändern sich die Zeiten. Vor wenigen Jahren waren wir doch zufrieden, wenn wir reinen Bohnenkaffee, gar ein Markenprodukt bekamen, keinen „Muckefuck“. Das Wort kommt von „mocca faux“, denn er war mit Kaffee-Ersatzstoffen gestreckt, was übrigens noch heute in Frankreich üblich ist. Keinen Blümchenkaffee (der war so dünn, dass man das Muster in der Tasse sehen konnte) oder ein „Spülwasser“ wie lange Zeit in den USA und England. War also ein guter Brühkaffee weltweit gehobener Standard, so hat sich diese Kaffeewelt gründlich verändert.

Zichorie war auch in Deutschland weit über 150 Jahre der beliebteste Kaffeeersatz

Die Gründe dafür sind noch wenig publik. Es liegt sicher nicht nur am Massentourismus nach Italien, der Entdeckung der Espresso – und Cappuccinowelt, dass sich der mitteleuropäische Kaffeegeschmack in diese Richtung dreht.
Gerade in den letzten 30 Jahren des 20. Jahrhunderts lieferte uns die Chemie entscheidende Kenntnisse über die weit mehr als 1.000 Inhaltsstoffe der Bohne, die Physiologie wichtige Zusammenhänge der Abläufe und Wirkungen von Kaffee auf den menschlichen Organismus.
Aber wohl entscheidend waren die Entwicklungen im Kaffeemaschinenbau, die erst ermöglichten, die gewonnenen Erkenntnisse in das Getränk umzusetzen. Verbesserte Werkstoffe, weitgehend inert, also chemisch und physikalisch nicht reagierend, geben keine Geschmacks- und andere Stoffe mehr an das sensible Getränk ab. Komplexe digitale Steuerungen erlauben genau programmierbare optimierte Abläufe, die heutige Filtertechnik liefert gutes Wasser. Kalt- und Warmmilchgeräte unterstützen Hochfrequenzbetriebe der Kaffeeanbieter beim Aufschäumen für die Trendgetränke Cappuccino und caffè latte.
Die Kaffeemaschine ist seit Jahren das meistverkaufte Elektrogerät, woraus sich ja einige Schlüsse ziehen lassen: Die Ansprüche in der Arbeitswelt sowohl unterwegs, als auch zuhause, an Qualität und Getränkevielfalt sind gestiegen.
Doch auch im Bereich der Bohne hat sich Einiges getan: wir testen die neuesten Coffeeshops, denken über Röst- und Mahltechniken nach, verpacken in Aromaschutzhüllen, kaufen Kenia AA und Mexico Maragogype.

Halt! hören wir hier unseren italophilen Espressofreak rufen: wo bleibt hier mein „barista“, der Zauberer am Siebträger?
Nun, in diesem Buch haben wir sein Basiswissen, seine Kniffe und das Handwerkszeug für alle wesentlichen Techniken und Methoden zusammengetragen und komprimiert.
Ob Cona-Kanne, Siebträger, Brühautomat, ob Kolbentechnik oder Halbautomat – sowohl der ambitionierte Kaffeeliebhaber an der Büromaschine als auch der Cafetier, der Profi an Halb- oder Vollautomat, finden hier die wichtigsten der zahlreichen Einflussfaktoren, um einen wirklich guten Kaffee und einen perfekten Espresso zuzubereiten.
Entscheidend aber für das Erreichen dieses Zieles sind: Genauigkeit, Ausdauer, Geduld und eine Menge Begeisterungsfähigkeit. Obwohl wir in vielen Bereichen zugunsten eines geringeren Buchumfangs auf Vollständigkeit verzichten mussten, haben wir eine kleine Auswahl klassischer und interessanter Kaffeezubereitungen herausgefiltert. Bei aller Technik, bei allen Kniffen und ausgeklügelten Methoden war und bleibt Kaffee ein mit Emotionen verbundenes Getränk. Es wird so bleiben, auch wenn er heute überall und immer preiswert verfügbar ist.
„Gehen wir auf eine Tasse Kaffee?“ – das kommunikative Getränk ist zutiefst in allen westlichen Kulturkreisen in eigenen Welten verhaftet: von der Zubereitung, den Cafés, von der Literatur bis zur Musik.
Die alte Welt exportiert nun diese über den Globus – Italien ist überall.
Es sollte immer, insbesondere für den Profi, den Barista, Anspruch und Ziel bleiben, diese Welten, ob italienische oder Wiener Kaffeehaus Kultur, so stimmig wie möglich abzubilden.
Qualität, Technik und Frische sind die eine Seite, Sorgfalt und persönliches Engagement die andere eines im Ergebnis perfekten Produktes.

Viel Spaß und neue Erfahrungen!

Thomas Leeb   Ingo Rogalla

Bei aller Technik, bei allen Kniffen und ausgeklügelten Methoden war und bleibt Kaffee ein mit Emotionen verbundenes Getränk.

Kaffee

A Physiologische & medizinische Wirkung

B Die Pflanze, Herkunft & Anbau

C Ernte & Aufbereitung, Lagerung & Transport

D Rösten – Verfahren & Bedeutung

E Verpackung & Lagerung

F Mahlen – Technik & Bedeutung

3.

Filtrex
GROUARD FRÈRES
CONSTRUCTEURS
4 & 6 bis RUE MORAND
PARIS (XIe)

Physiologische & medizinische Wirkung

Ist Kaffee gesund? Die wichtigsten Erkenntnisse

Viele Jahrhunderte voller Vorurteile und Vermutungen, vielleicht auch ausgelöst durch das verdächtig schwarze Aussehen des importierten bitteren Getränks, die Unkenntnis über die zahlreichen Inhalts- und Wirkstoffe der Bohne, sicher auch fehlerhafte Aufbewahrung und Zubereitung haben immer wieder die Frage nach der gesundheitlichen Bedenklichkeit von Kaffee wachgehalten.
Die letzten Jahrzehnte des 20. Jahrhunderts haben uns durch verbesserte chemische Analysetechniken wesentliche Erkenntnisse gebracht. Es wurden umfangreiche positive Wirkungen nachgewiesen, so dass man Kaffee, in normalen Mengen und mit modernen Methoden zubereitet, durchaus als gesund bezeichnen darf.

Frische des Produktes, Hygiene und Sorgfalt bei der Zubereitung sichern gesunden, besten Genuss.

Wir informieren uns heute mehr denn je, kaufen immer mehr ökologisch produzierte Produkte, leben zunehmend gesundheitsbewusst. Sei es für den interessierten Endverbraucher, sei es für den qualifizierten Gastronomen – wir versuchen hier einen vereinfachten Überblick über die wesentlichen der zahlreichen und komplexen Wirkungsweisen der weit über 1.000 Inhaltsstoffe der Bohne, bzw. des Getränks zu geben, ein winziges Konzentrat aus den mittlerweile mehr als 19.000 (!) wissenschaftlichen Untersuchungen, wohl auch ein Beweis für das sehr starke medizinische Interesse.
Zunächst: die im Buch angegebenen Werte der Inhaltsstoffe sind Durchschnittswerte, da die Bohnen relativ stark variieren, bedingt durch die für ein Naturprodukt üblichen Abhängigkeiten bzw. Schwankungen von Erntejahr, Transport- und Lagerbedingungen, aber vor allem von Zubereitungsart und -sorgfalt.
Man kann nur immer die entscheidenden Faktoren betonen: Frische des Produktes, Hygiene und Sorgfalt bei der Zubereitung sichern gesunden, besten Genuss.

Von der fast unvorstellbaren Menge an Substanzen interessiert natürlich zunächst der Stoff, der Kaffee berühmt gemacht hat: das Koffein.
Ein Alkaloid aus der Gruppe der Xanthine, das sich auch im Tee, Guarana, Mate und Kolanüssen findet. Je nach Herkunft und Ernte sind in 100 g Kaffee ca. ein bis drei Gramm enthalten.
Mittlerweile in vielen, auch großangelegten Untersuchungen bestens erforscht, aber immer wieder für eine Überraschung gut: zuallererst einmal ein milder anregender Stoff, trotz unzählig wiederholter Anwendung hochwirksam – aber ohne süchtig zu machen.
Also Gewöhnung ja, Sucht nein.

Forscher der Universitätsklinik Freiburg haben den Wirkungsmechanismus der schmerzhemmenden Wirkung von Koffein in Kombination mit Schmerzmitteln (Acetylsalicylsäure=ASS) nachgewiesen. ASS mit Koffein kombiniert wirkt 26 mal stärker als die Einzelsubstanz.

Angriffspunkte des Koffeins sind bestimmte Rezeptoren, die es teilweise blockiert, teilweise stimuliert – ein mittlerweile interessanter und häufig genutzter Ansatz in der Pharmakologie. Jeder kennt den Zusatz von Koffein in Schmerzmitteln (z.B. Salicylsäurepräparate wie Aspirin).
Weiter greift es in Regelkreisläufe des körpereigenen Adenosins ein, das an der Regelung der Blutgerinnung, der Immunreaktion und dem Spannungszustand der Gefässe beteiligt ist.
Die schmerzlindernde Wirkung, phänomenologisch lange bekannt, entsteht durch erhöhte Serotoninmengen, die es durch seine insulinstimulierende Wirkung auf die Bauchspeicheldrüse erzeugt.

Koffein unterstützt die Herztätigkeit und erhöht die Durchblutung des Gehirns.

Koffein unterstützt die Herztätigkeit und erhöht die Durchblutung des Gehirns durch seine gefäßerweiternde Wirkung, eine Eigenschaft, die sich heute Millionen von Menschen mit vorwiegend sitzender Tätigkeit zunutze machen, ja die „Dichterdroge" des 19. Jahrhunderts hat im Wesentlichen das Entstehen der modernen Leistungsgesellschaft erst ermöglicht: das Aufkommen der Maschinen zunächst in England. Deren lange Betriebszeit und Gefährlichkeit verlangten ein Stimulans. Und seitdem lässt sich parallel zur Industrialisierung aller Länder dieser Erde ein entsprechend starkes Wachstum an Kaffeeverbrauch beobachten. War 1970 der Kaffeeimport Japans statistisch noch kaum messbar, stieg er bis zum Jahr 2000 exponential an – Japan ist heute unter den zehn Hauptimporteuren von Kaffee, in China und den sogenannten Tigerstaaten zeichnet sich die gleiche Entwicklung ab.

Tee wurde hier verdrängt, ebenso wie in Grossbritannien und Japan, da das Koffein milder und in einer flacheren Dynamikkurve wirkt.

Hier sprechen wir ein weiteres, auch für alle Untersuchungen wichtiges Thema an: die allgemeine Lebensführung, unser kollektives Nahrungs- und Arbeitsverhalten. Kaffee passt aufgrund seiner Eigenschaften sehr gut in diese – sofortige, hohe und langandauernde Konzentration bei gleichzeitig immer geringerer Bewegung. Viele von uns mixen daraus einen speziellen Cocktail: Zigarette, Kaffee und Alkohol. In ihrer wechselseitig anregenden und beruhigenden Wirkung eine auf die Dauer problematische Mischung, aus der wir nur einen der Angeklagten als unschuldig entlassen können – den Kaffee.

Eure Nahrungsmittel sollen
eure Heilmittel sein –
eure Heilmittel sollen
eure Nahrungsmittel sein.

Hippokrates, griech. Arzt
460-370 v. Chr.

Koffein aktiviert das zentrale Nervensystem, die Hormonausschüttung, regt Stoffwechsel und Atmung an.

Großuntersuchungen der letzten Jahre bestätigten nicht nur eine antidepressive Wirkung durch die Freisetzung von Stimulantien wie Dopamin, Glutamat, Serotonin etc., sondern bestätigten eine signifikant höhere Leistungs- und Konzentrationsfähigkeit, sowohl durch die höhere Durchblutung als auch durch eine Art Wachstumsschub für die Hirnzellen. Nachweislich senkt sich durch den Konsum von drei bis vier Tassen täglich das Risiko, an Parkinson zu erkranken, um 50-80 %. Ebenso sinkt, fanden amerikanische Forscher heraus, bei täglich mehr als 6 Tassen Kaffee das Risiko, an Altersdiabetes zu erkranken, um 50 % !

Inzwischen darf auch als gesichert gelten, dass Kaffee, bzw. Koffein weder den Blutdruck dauerhaft erhöhen, noch das Risiko für Herzkrankheiten, Rhythmusstörungen oder Herzinfarkt steigern. Die dafür verantwortlich gemachten cholesterinerhöhenden Fettsäuren Cafestol und Kahweol lösen sich erst in stärkerem Masse, wenn Kaffee mit kochendem Wasser, also bei ca. 100 Grad aufgebrüht wird. Damit wird ein schon lange bekannter Tipp bestätigt: das Wasser nach dem Aufkochen eine Minute abkühlen lassen!

Was kan man Gutes von Leuten erwarten, die keine Zeit finden, mit Genuss zu speisen und Kaffee zu trinken. *Brillat-Savarin*

Weiter aktiviert Koffein das zentrale Nervensystem und die Hormonausschüttung, regt den Stoffwechsel und die Atmung an, senkt sogar die Anfallshäufigkeit bei Asthmatikern. Sowohl die peristaltik- also darmmuskulaturanregende Wirkung, als auch die Förderung des Galleflusses unterstützen die Darmtätigkeit, senkt das Gallensteinrisiko auf fast die Hälfte ebenso wie das Leberzirrhoserisiko.

Man schreibt Kaffee auch durch seinen hohen Gehalt an Chlorogensäure (den höchsten in allen Lebens- und Genussmitteln) eine dickdarmkrebshindernde Wirkung zu. Da die Peristaltik zu ca. einem Drittel durch körperliche Bewegung ausgelöst wird, für viele überwiegend sitzend Beschäftigte ein morgendliches Bedürfnis. Diese allgemeine Erhöhung des Grundtonus steigert auf natürliche Weise den Grundumsatz, nach mehreren Untersuchungen um ca. 50-100 Kalorien pro Tag. Der sogenannte „thermogene" Effekt hilft somit beim Abnehmen.

Kaffee, stark und reichlich, macht mich munter, verleiht mir Feuer, ungewöhnliche Stärke und Tatendrang.

Napoleon Bonaparte

Eine immer noch umstrittene Eigenschaft des Kaffees ist seine vielleicht dehydrierende Wirkung. Momentaner Stand: Koffein erweitert zwar die Kapillargefäße, fördert damit die Wasserausscheidung, hemmt aber die Rückresorption unwesentlich. Das berühmte Glas Wasser diente früher wohl in erster Linie zur Neutralisierung der Geschmacksstoffe, insbesondere bei konzentrierten Kaffeezubereitungen, als der Auffüllung des Wasserhaushaltes. Dennoch hält das Gläschen Wasser zum Espresso endlich wieder Einzug.

Noch ein Wort zur Magenempfindlichkeit. Sie kann nicht nur auftreten, wenn man morgens nüchtern starken Kaffee hinunterstürzt (Kaffeekonsum und subjektiv empfundener Stress entsprechen oft einander), sie kann vor allem durch die Röstung (zu hell geröstet gibt die Bohne besonders beim Brühkaffee eine Reihe von die Magenschleimhaut belastenden Säuren ab) bedingt sein.
Neben der Empfehlung, auf dunkler gerösteten Kaffee umzusteigen, empfiehlt sich die Beimengung von Milch, z.B. als Cappuccino oder caffè latte. Der Purist (natürlich nimmt Milch viele Aromastoffe) puffert aber mit ihren Schleimstoffen die Säuren) sollte einfach etwas dazu

> Der Kaffee kommt in den Magen, und alles gerät in Bewegung:
>
> Die Ideen rücken an wie die Bataillone der Grand Armée auf einem Schlachtfeld.
>
> *Honoré de Balzac*

essen oder einen Espresso wählen. Dieser, da sehr dunkel geröstet, enthält weit weniger Säuren als z. B. eine schwächer geröstete „deutsche" Röstung.
Ausser der schon genannten Chlorogensäure enthält Kaffee aber noch eine ganze Reihe anderer, wie Ameisen-, Nikotin-, Linol-, Zitronen-, Palmitin-, Apfel-, Oxal-, Essig-, Brenztrauben-, ja sogar geringe Spuren von Buttersäure, um hier nur einige der bis heute über achzig isolierten Säuren zu nennen.
Unter anderem ist es dieses komplizierte Zusammenspiel an verschiedensten Säuren, das den so unterschiedlichen Geschmack der jeweiligen Sorte, Ernte und der Herkunftsregionen ausmacht, also für die Degustation von entscheidender Bedeutung sind.

Natürlich wurde unter anderem wegen der Verträglichkeit nach giftigen Rückständen im Kaffee gefahndet: im Gegensatz zum Tee bis jetzt hier Fehlanzeige – Rückstände von Pflanzenschutzmitteln waren kaum nachweisbar, Schwermetallverbindungen ebenso wenig. Da Kaffeeplantagen aber durchaus gespritzt werden müssen, ist anzunehmen, dass diese Gifte im Fruchtfleisch verbleiben, der Rest sich bei der Röstung verflüchtigt.

Nun haben wir noch nichts erwähnt zu Mineralstoffen wie: Eisen, Kalium, Kalzium, Phosphor, Magnesium und Mangan usw. (die übrigens zu über 90% bei der Zubereitung in das Getränk übergehen), auch nichts über den Vitamingehalt, wie z.B Niacin (Vitamin der B-Gruppe), B-Riboflavin, Pantothensäure, Vitamin B 6 Pyridoxin u.v.m., es würde schlicht den Rahmen dieses Buchs sprengen.
Es ist ja ohnehin kaum vorstellbar, wie viele durch dieses Getränk ausgelöste chemische Reaktionen und physiologische Prozesse parallel ablaufen, was einen klaren Überblick nicht gerade vereinfacht.

Der nüchterne Kaffee, mächtige Nahrung des Gehirns,

steigert anders als Spirituosen die Reinheit und Helligkeit des Geistes.

Michelet, frz Dichter, 18. Jhdt.

Abschliessend sei festgehalten, dass die in Kaffee enthaltenen Stoffe in den Werten durch Herkunft, Klima, Ernte, Transport, Lagerung und Rösttechnik relativ stark variieren, was in geschmacklicher Hinsicht einen grossen Reiz darstellt, die Standardisierung von Markenkaffees aber eher erschwert und hohes fachliches Können verlangt.

Aber weitere Faktoren der Wirkung sind die großen inter- und intraindividuellen Unterschiede in der Physis und Lebensbedingungen der Konsumenten wie z. B. männlich/ weiblich, dick/ dünn, Stressbedingungen, kulturelle und perönliche Essgewohnheiten, persönliche Stimmungslage, Nord/ Südgefälle.
Der Norden konsumiert, klimatisch bedingt, erheblich mehr Kaffee, da der menschliche Biorhytmus , die Wachphase, stark vom Licht abhängt.
Im Süden wird schon immer kleine, konzentrierte Menge Kaffee, ohne Milch, bevorzugt – im Norden ist das genau umgekehrt.
Eine „gute“ Tasse Kaffee zu machen bedeutet also auch, diese Faktoren zu berücksichtigen.

B Die Pflanze, Herkunft & Anbau

Blüten und reife Kaffeekirschen, der Kaffeebaum trägt das ganze Jahr.

Von den ca. 40 verschieden Coffea-Arten sind zwei Hauptpflanzenarten weltweit von Bedeutung:

1. Die Coffea (Gattungsname) arabica (Artname). Coffea kommt aus dem Arabischen: Quawah (übersetzt: Getränk aus Pflanze). Arabica deshalb, weil die im äthiopischen Raum entdeckte Pflanze (dort wächst sie heute noch wild) im heutigen Jemen erstmals kultiviert wurde. Der Produktionsanteil beträgt ca. 70%.

2. Die Coffea canephora mit der Sorte Robusta. Die Robusta wurde erst im 18. Jahrhundert im Kongo gefunden und hat ihren Namen wegen ihrer höheren Widerstandsfähigkeit gegen Krankheiten und Schädlinge und ihrer Toleranz gegen höhere Temperaturen. Der Produktionsanteil beträgt ca. 30%.

Die Arabica-Art hat im Laufe der Verbreitung, Entwicklung und durch ständig wachsende Produktionsmengen hunderte Varianten entwickelt. Beispiele für diese sind Coffea Arabica Mocca, Coffea Arabica Maragogype, Coffea Arabica Bourbon, Tipica usw. Teilweise enstanden durch Zufall auf natürlichem Wege, überwiegend jedoch durch gezielt in Baumschulen gezüchtete Sorten.

Die Gründe hierfür sind vor allem:

- höhere Ertragsmengen,
- geringere Anfälligkeit gegen Krankheiten und Insektenfrass,
- bessere Anpassungsfähigkeit an die spezifischen Bedingungen vor Ort (Klima, Boden etc.)
- und im besten Falle Geschmacksverbesserung durch Verstärkung angenehmer Aromen, feiner Säuren und dem Fülle-Geschmack, Bewertungskriterien die man ja auch z.B. beim Wein ansetzt.

In den Plantagen findet man oft ursprüngliche, traditionelle Sorten und Neuzüchtungen nebeneinander, was die genaue Definition, um welche Sorte es sich bei einem Roh- oder Röstkaffeemuster handelt, erschwert. Ausnahmen sind hier z.B. der milde Maragogype (hauptsächlich in Mexico, Guatemala und Kolumbien in geringen Mengen angebaut) mit extrem grossen Bohnen und sehr mildem Geschmack, sowie der äthiopische, fruchtig-exotische, durch leichten Bergamotte-Ton auffallende Mocca, die von Spezialitäten-Kaffeeröstern dann auch genau deklariert werden.
Aus diesem Grund konzentrieren sich einige Plantagen, die sich auf die Produktion von Gourmet- arabicas spezialisiert haben, wieder auf eine reine Sorte (z.B. Bourbon oder tipica), um ihren Abnehmern eine noch genauere Identifikation und Qualität liefern zu können.
Die Arabica wird von den meisten Nordeuropäern als die Pflanze mit dem typischen Kaffeearoma und Geschmack assoziiert.

100% Arabica garantieren noch nicht Top-Qualität, ebensowenig wie jeder Bordeaux einen Spitzenrotwein bedeutet.

Drei andere Kriterien (Anbauort, Ernte und Verarbeitung) entscheiden, ob ein Gourmet-Arabica entsteht, oder Kaffee für preiswerte Mischungen.
Beim Robusta wird nach Intensität dieses typischen „Robustageschmacks“ entschieden, wieviel einer Espresso- oder Kaffeemischung beigemischt wird. Was viele als unangenehm, nämlich bitter, holzig und adstringierend empfinden, schätzt der Süditaliener an seinem neapolitanischen Espresso.
Gründe für diesen Geschmack sind der hohe Chlorogensäureanteil zusammen mit Bitterstoffen, die eine starke Adstringenz auf der Zunge bewirken. Bisher wurde auf den Kaffeebörsen (Arabica in New York, Robusta in London) für Robusta etwa die Hälfte des Preises für Arabica erlöst und deshalb konnte im Ursprungsland nur wenig Mühe für Pflege, Ernte und Verarbeitung aufgewandt werden. Dies gilt heute nur noch bedingt. Zunächst steigt der Anbau an Robusta, weiter wird in immer mehr Regionen hochwertigerer Robusta produziert. Auch für den nordeuropäischen Geschmack durchaus angenehm,

junger Setzling

grüner Kaffee

sind diese einem mittelmäßigen Arabica überlegen. Es gibt Länder und Kulturen, die den typischen Robustageschmack durchaus schätzen, z.B. Osteuropa, da diese über Jahrzehnte ausschließlich Robusta importieren konnten – also aus Gewohnheit, oder Italiens Süden, in dessen dunkel gerösteten Espressomischungen der härtere Ton sich mit Zucker zu einem deutlichen Karamellton wandelt. Auch in Verbindung mit Milch (z.B. im Cappuccino oder Milchkaffee) unterstützt er das Aroma. Die Besonderheiten der Robustabohne ist vor allem ihr doppelt so hoher Koffeingehalt (bis 4% bei Robusta, bei Arabica bis 2%) und ihr geringerer Ölanteil. Daher hält bei Espresso aus Robustamischungen die crema länger, durch den höheren Fettanteil (15%) der Arabicas werden die Bläschen der crema schneller zerstört.
Aber auch wenn wir mit dem Auge mittrinken: Espresso nur nach der Dauer der crema zu beurteilen, wäre wie Rotwein nur nach seiner Farbe zu bewerten. Röstereien mischen den Spezialitäten-Kaffeesorten kleine Mengen sorgfältig verarbeiteter, guter Ernten von Robusta bei, um die Haltbarkeit der crema zu verbessern. Eine Veredelungsmöglichkeit für Robustakaffee stellt das Bedampfen dar – dabei werden die Bitterstoffe flüchtig. Die wenigen sorgfältig geernteten und aufbereiteten Robustakaffees werden somit als Spezialitäten- oder Gourmet Robusta gewertet.
Optisch sind beide Sorten nicht immer einfach zu unterscheiden: Die typische Arabica-Bohne hat eine ovale Form, der Schnitt (die Kerbe, die auf der flachen Seite der Bohne zu sehen ist), ist ungerade, unregelmässig und sieht verschlossener aus.
Die typische Robusta-Bohne ist fast rund, der Schnitt ist sehr gerade, wie eingeschnitten und weiter geöffnet.
Die Grösse einer Kaffeebohne sagt wenig über die Sorte aus. Es gibt kleine wie grosse Arabica, genauso wie Robustabohnen. Mittlerweile werden sogar "large bean" (grossbohnige) Robustas angeboten, die in der Grösse fast alle Arabicas in den Schatten stellen.

typische Hochlandplantage

Herkunft & Anbau

Wie entstehen die Hauptgeschmackskriterien Aroma, Fülle und Säure in ihrer Qualität und Quantität?

Die Antwort ist einfach: wie beim Wein! Nach dem ersten Kriterium für Qualität, sprich ob Robusta oder Arabica und welche Arabicasorte, hat die Umgebung, in der der Kaffee wächst, den stärksten Einfluss auf das, was später in unserer Tasse geschmacklich „landet".
Wie schon im Kapitel *Pflanzenauswahl* gesagt, wird Kaffee rund um den Äquator angebaut, genauer gesagt, in den Gebieten, die bis zu 25° nördlich und südlich davon liegen.
Der Grund ist folgender: Die Kaffeepflanze gedeiht in den selben Temperaturbereichen am besten, in denen sich auch der Mensch klimatisch wohl fühlt: warme, aber nicht zu heisse Tage, kühle, aber nicht zu kalte Nächte. Genauer gesagt, verträgt die Arabicapflanze am besten 15-24°C rund ums Jahr, die Robustas kommen mit höheren Temperaturen bis zu 30°C zurecht. Diese Temperaturen finden sich in den obengenannten, äquatornahen Ländern in höheren Bergregionen. Da schon geringer Frost Arabica- sowie auch Robustapflanzen absterben lässt, wird die Höchstanbauhöhe durch die möglichen Gefrierpunkte in den Bergen bestimmt. Die Grenze liegt bei ca. 2000 Metern wie z. B. in Guatemala.
Der Grund, warum gerade die besonders hochgewachsenen Kaffeesorten ausgezeichnete Qualitäten liefern, ist folgender: Je höher der Kaffee wächst, desto kühler ist auch die Jahresdurchschnittstemperatur. Nachdem sich die ersten Früchte (Kirschen) nach der Blütezeit gebildet haben, reifen diese bei kühleren Temperaturen langsamer. Folglich hat die langsamer reifende Frucht mehr Zeit, Geschmack, Aroma um die bei Gourmetkaffees so beliebten, feinen Säuren zu entwickeln.

Auch der besondere, spezifische Eigengeschmack der Plantage entwickelt sich spürbarer bei hochgewachsenen Arabicas.
Die flacher angebauten Arabicas (z.B. brasilianische Kaffees – 800 m Höhe) entwickeln nicht so viele dieser Eigenschaften. Aber wie beim Wein gibt es auch beim Kaffee Liebhaber von milderen, weniger kräftigen und säureärmeren Gewächsen.
Gerade typisch italienische Espressomischungen enthalten sehr viele säurearme Brasil-Arabicas, auch Santos, nach eine Hafenstadt in Brasilien, benannt. Besonders im Espresso wird eine zu starke Säure unangenehm wahrgenommen, die feinen Mahlgrade sowie die geringen Wassermengen lassen sofort jede Überproportionierung eines säurehaltigen Kaffees in der Mischung stark heraustreten.
Anders bei der Brühung, einer etwas dünneren Extraktion, wird mehr Wasser verwendet, werden die Säuren auf ein angenehmes, gewünschtes Maß verdünnt und geben z. B. einer Café crème oder einer Kaffeemischung für Filterkaffee einen fruchtigen, spritzigen Charakter.
Die Luftfeuchtigkeit, Sonnenintensität, Schattierung der Pflanzen sowie die Regenmengen über das Jahr verteilt spielen eine zusätzliche wichtige Rolle, da sie alle Einfluss auf den Geschmack der künftigen Ernte nehmen.
Der nächste wichtige Faktor ist der Boden und seine Beschaffenheit, auf der der Kaffeebaum wächst. Gerade Gebiete vulkanischen Ursprungs eignen sich besonders gut für den Anbau hochwertiger Kaffees. Diese Böden enthalten vor allem die für den Kaffee wichtigen Stoffe.
Die für jede Pflanzenpflege selbstverständlichen Arbeiten gelten auch für den Kaffee. Düngen, Beschneiden (lässt der Pflanze mehr Energie für die Geschmacksbildung der Bohne und erleichtert die Ernte), Unkraut jäten sowie die Schädlings- und Krankheitskontrolle gehören zur regelmässigen Plantagenarbeit. Gedüngt wird meist mit dem kompostierten Fruchtfleisch, das bei der letzten Rohkaffeeaufbereitung als Abfall entstand.
Bedingt durch die in den Regionen unterschiedlichen angebauten Pflanzensorten, die verschiedenen Anbauhöhen und sonstigen Wachstumsbedingungen bekommt jeder Kaffee seinen typischen, ursprungsspezifischen, einzigartigen Geschmack, der, wenn man bewusst und interessiert schmeckt, so unverwechselbar ist, wie der Unterschied, der einen Bordeaux anders schmecken lässt als einen Burgunder.

Der Kaffeebaum wird bis zu 10m hoch und gedeiht 25° nördlich und 25° südlich rund um den Äquator. Um Pflege und Ernte zu erleichtern, läßt man ihn nicht höher als 3-5 m wachsen.

Ernte & Aufbereitung, Lagerung & Transport

Die Ernte und ihr Einfluss auf die Qualität von Rohkaffee

Die Sorgfalt bei der Ernte ist ein wichtiger Schritt auf dem Weg zur guten Rohqualität von Kaffee. Parallelen lassen sich hier zur Obst-und Weinernte ziehen. Es dürfen nur reife Kirschen verarbeitet werden.
Wird die Kaffeekirsche unreif geerntet, gibt sie genau das an die Bohnen ab, was sie bis dahin entwickelt hat, nämlich nur unausgereifte Säuren und wenig Kaffeegeschmack (ähnlich unreifen Trauben).
Wird sie reif geerntet, hat die Kaffeekirsche einen fruchtigen, aromatischen, leicht süsslichen Geschmack, der sich auf die Bohnen überträgt.
Wird die Kirsche überreif geerntet, kann sich teilweise schon Schimmel bilden, die Kirsche beginnt zu faulen und die Wahrscheinlichkeit, dass Insekten sich bis zur Bohne durchgefressen haben, ist hoch. Diese Fäunisserscheinungen übertragen sich natürlich auf die Bohnen und zuletzt auf den Geschmack in der Tasse.
Die Reifezeit der Kirschen, gerade bei Hochlandkaffees, liegt weit auseinander, teilweise 3 Monate von der ersten reifen Kirsche in einer Plantage bis zur letzten.
Die Erntemethoden für Top-Qualitäten sind entsprechend aufwendig, arbeitsintensiv und teuer. Dazu kommt, dass diese Kaffees häufig an steilen Berghängen wachsen, was die Ernte zusätzlich erschwert.
Soll Kaffee nach dem Kriterium – nur reife Kirschen – geerntet werden, bleibt nur eine Möglichkeit: Alle reifen Kirschen von Hand zu pflücken.
Dies ist die aufwendigste, aber beste Methode für Qualitätskaffee – die Selektion findet schon am Baum statt. Man nennt sie selektive Handpflückung (hand picking).
Einfachere Erntemethoden sind weit verbreitet bei der Ernte von Robustakaffees und Massenproduktionen von niederpreisigen Arabica. Man wartet einfach bis der grösste Teil der Kirschen reif ist (nur möglich bei Robusta und Tieflandarabica).
Vielfach werden diese Kaffees durch Abstreifen des ganzen Asts geerntet. Unreife, reife sowie überreife

sortieren und säubern

Pulpe und Pergamino

getrocknete Kirschen

Kirschen gehen somit in die Bohnenproduktion. Diese Methode nennt sich stripping (Abstreifen)
Noch einfacher ist die maschinelle Ernte: Riesige Erntemaschinen fahren über entsprechend angelegte Baumstrassen und ernten mittels vibrierender Fiberglasgabeln die Bäume ab. Da bei dieser Erntetechnik meist nicht mehr sortiert wird, ergibt dies einen minderwertigeren Rohkaffee.

Die Verarbeitung von Rohkaffee Methoden und Wirkungen

Rohkaffeeverarbeitung bedeutet zunächst die möglichst schonende Lösung aus der reifen Kirsche. In speziellen Verarbeitungsanlagen wird die Ernte gesammelt. Die Bohne muss nun so schnell wie möglich von den sie umgebenden Schichten befreit werden. Ist Kaffee erst einmal aufbereitet, bleibt er bei geeigneter Lagerung etwa ein Jahr ohne Qualitätsverluste haltbar.

Die einfachste, älteste Methode: Die Kirschen werden auf Flächen im Freien (gestampfte Erde, Beton, Tische o.ä.) ausgebreitet. Man trocknet sie unter regelmässigem Wenden so lange, bis die Bohnen mittels Maschinen, die Druck und Reibung ausüben, herausgelöst werden können.
Das Risiko: Das Fruchtfleisch kann während der Trocknung überfermentieren, also faulen, insbesondere bei ungleichmässigem Wenden. Trocknung auf dem Boden führt häufig zu erdigem Geschmack von Robusta. Da diese Methode, einfach und preiswert, meist von Billiglohnarbeitern durchgeführt wird, werden fehlerhafte Bohnen nicht oder ungenügend aussortiert. Dies nennt man „trockene Aufbereitung". Dieser Kaffee wird als „ungewaschen" oder „trocken aufbereitet", „unwashed" oder „natural" bezeichnet. Sorgfältig trocken aufbereitete Arabica sind milder, zeichnen sich durch weni-

trockene Aufbereitung und belüften

ger Säuren aus als gewaschene. Fast alle Robusta, aber auch brasilianische und indonesische Arabica werden so behandelt. Das Risiko, hier Verarbeitungsfehler zu finden ist daher relativ hoch.

Die zweite, aufwendigere Methode, die äusseren Schichten der Kaffeebohne zu entfernen, nennt man „nasse Aufbereitung".
Das Ergebnis sind „gewaschene" Kaffees. Eine Methode, die viel Wasser erfordert, vor allem also in höheren Bergregionen angewandt werden kann.
Die Verarbeitung sieht aus, wie folgt:

- Die Kaffeekirschen werden in Waschkanälen von grobem Schmutz befreit und nachsortiert: unreife, grüne Kirschen sinken ab, reife und überreife schwimmen an der Oberfläche.
- Im „Entpulper" (von pulpa, lat. Fruchtfleisch) werden die nassen Kirschen gequetscht, dabei Haut und lockeres Fruchtfleisch entfernt. Der Rest klebt noch an der harten Haut der Bohne (Pergamenthaut oder Pergamino).
- Nun werden die Bohnen mit den beiden sie umgebenden Häuten und dem Rest des Fruchtfleisches zum Fermentieren gebracht. Dazu wird durch natürliche Bakterien und Enzyme ein Gärprozess ausgelöst. Dieser wird gestoppt, sobald sich das Fruchtfleisch vom Pergamino lösen lässt – je nach Umgebungstemperatur zwischen 16 – 32 Stunden.
- Nun kann das Fruchtfleisch abgewaschen werden – es verbleibt das erste dünne „Silberhäutchen" sowie das Pergamino, die Fermentation wird gestoppt.
- In einer zusätzlichen Sortierung beim Waschen werden nochmals reife von unreifen und überreifen Bohnen getrennt.

fermentieren

entpulpen im „Despolpador"

- Die Fermentation wird durch Trocknung gestoppt – getrocknet wird an der Sonne auf grossen Flächen oder in Trocknungsmaschinen, ähnlich grossen Wäschetrocknern. Schon hier können Experten den Unterschied zwischen sonnengetrocknet und maschinengetrocknet feststellen: letzterer schmeckt „rauchig".

Wichtig bei beiden Methoden ist eine Restfeuchtigkeit von 9 – 13 %. Zu stark getrocknet würden die Bohnen bei der Röstung zerspringen.
Das Ergebnis ist trockener Pergaminokaffee, der nun in Säcken abgepackt etwa zwei Monate eingelagert wird. Restfeuchtigkeit verteilt sich, der Kaffee stabilisiert sich.

- Schälmaschinen entfernen nun mittels Druck und Reibung zwischen Walzen die beiden verbliebenen Häute.
- Spezialkaffees, Gourmetkaffees werden dann noch aufwendig nachsortiert. Frauen suchen nach Fehlern wie Insektenfrass, Farbfehlern, Steinen, Holzteilen und anderen Fremdkörpern.
- Geschmacklich unterscheiden sich sorgfältig gewaschene Kaffees durch ihren höheren Säureanteil, stärker ausgeprägte Eigenarten im Aroma und ihre gleichmässigere Qualität.

Fehlende Sorgfalt führt auch hier unter Umständen zu enormen Qualitätseinbussen, wenn:

- unreife oder überreife Bohnen verbleiben
- die Kirschen vor der Verarbeitung zu faulen beginnen
- die Bohnen beim fermentieren zu faulen beginnen, also überfermentieren
- die Bohnen beim Sonnentrocknen nicht gleichmässig gewendet werden

Sacken

seltene Sorte: Blue Mountain in Fässern

- die Trocknung zu wenig Restfeuchtigkeit lässt
- der Kaffee nach dem Sacken falsch gelagert wurde

Eine dritte, noch wenig bekannte Methode der Aufbereitung ergibt „halbgewaschene", „semi dry" oder „pulped natural" Kaffees. Eine Mischmethode ohne Fermentation.

- die Kirschen werden gewaschen und vorsortiert, anschliessend entpulpt, wie bei der nassen Aufbereitung
- jetzt werden sie sofort getrocknet, die geschmackliche Veränderung durch Fermentation bleibt aus, das Fruchtfleisch bleibt auf dem Pergamino.
- der Kaffee wird an der Sonne getrocknet und zur Stabilisierung eingelagert.
- anschliessend werden Silberhaut und Pergamino durch Druck und Reibung entfernt.
- der Kaffee kann nun nochmals von Hand sortiert werden

Semi washed Kaffees haben weniger Säure als gewaschene, sind daher milder, haben den Vorteil, dass unkontrollierte Fermentation seltener auftritt, als trocken aufbereitet.

Zusammengefasst sind die Hauptqualitätssicherungskriterien bei der Kaffeeernte und Verarbeitung für Gourmet- oder Spezialitätenkaffees die sorgfältige Trennung der reifen von unreifen und überreifen Kirschen sowie eine fehlerlose Verarbeitung.

Lagerung & Transport
von Rohkaffee

Hat der Rohkaffee nach Ernte und Verarbeitung auch bei Prüfung durch den Rohkaffeeeinkäufer alle Kriterien erfüllt, beginnen mit Transport und Lagerung weitere Risiken für Qualitätsverluste.
Zunächst kann der Kaffee im Ursprungsland überlagert worden sein. Er verliert damit seine Frische, ein gerade heute entscheidendes Qualitätskriterium. Dies gilt insbesondere für feine Arabica. So kann etwa ein feiner kolumbianischer Hochlandarabica, handgepflückt und gewaschen, seine filigranen Säuren, die ihm Frische und Spritzigkeit verleihen, seine runde Fülle allein durch Überlagerung verlieren. Es muss also einen Käufer in Europa enttäuschen, wenn er seine Erwartungen an dieses Spitzenprodukt nicht mehr schmecken kann.
Ausnahmen bilden einige Spezialitäten, Kaffees, die bewusst im Ursprungsland und der dort herrschenden hohen Luftfeuchtigkeit im Sack gelagert werden, um dort ihre Säuren abzubauen und ihr typisches erdiges Aroma in grosser Fülle zu entwickeln. Beispiele sind bis zu drei Jahre gelagerte Raritäten wie old brown (oder top aged) Sumatra und Sulawesi Arabica, oder der während der Monsunzeit gereifte India monsooned Arabica. Diese Kaffees werden in guten Espressomischungen als hochwertiger Robusta- Ersatz verwendet. Sie verleihen diesem grosse Fülle, kräftiges Aroma, eben ohne den typisch strengen, harten Robusta- Ton.
Der Seeweg, die klassische Transportroute birgt die Gefahr der Nässe, damit Schimmelbildung und ebenfalls die lange Transportzeit.

Eine sehr sorgfältige Eingangsprüfung gerade der hochpreisigen Rohkaffeequalitäten seitens des Rohkaffeeimporteurs und des Rösters sind daher von grösster Bedeutung für die Herstellung von Röstkaffees.

Verladen

Kaffeereinigung im Silocat

Mexico MARAGOGYPE LIQUIDAMBAR MS

AGED SUMATRA MANDHELING GR. 1 A

GUATEMALA ANTIGUA SAN SEBSTIAN SHB

ETHIOPIA YIRGACHEFE MOCCA GR. 1

INDIA MALABAR MONSOONED

IVORY COAST ROBUSTA

SULAWESI KALOSSI TORAJA GR. 1

WASHED JAVA ROBUSTA WIB

Rösten – die Verfahren & Bedeutung

Einfluss der Röstung auf den Geschmack

Die Röstung, die ja erst das Potential des Rohkaffees aufschliesst, wird nahezu immer im jeweiligen Konsumentenkontinent bzw. -land durchgeführt.
Die kulturellen, regionalen Geschmackserwartungen, die Röstgewohnheiten, die Brühverfahren und die Qualitätsansprüche sind sehr unterschiedlich.
Schliesslich verliert Kaffee nach der Röstung sehr schnell an Frischegeschmack, an Aromen.
Das älteste kommerzielle Röstverfahren ist die sogenannte traditionelle Trommelröstung.
Der Kaffee wird je nach gewünschtem Röstgrad innerhalb von 12-18 Minuten in einer sich drehenden Trommel geröstet.
Die Energie bekommt der Kaffee indirekt durch Kontakt mit der von aussen beheizten Trommel und der aufgeheizten Luft.
Durch die Rösttrommel wird ständig Luft gesogen, die die Energieaufnahme der Bohnen verlangsamt, je nach durchgesaugter Luftmenge, sprich Leistung des Ventilators und Luftführung durch die Trommel.
Im Gegensatz zu der traditionellen Langsamröstung wurden verschiedene andere Röstverfahren entwickelt, allen voran das Heissluftröstverfahren oder Schnellröstverfahren. Die schnellste Röstung bei dieser Methode braucht ca. eine Minute, maximal acht Minuten. Die Energie wird direkt durch stark erhitzte Luft an die Bohnen übertragen und ermöglicht so eine effizientere Röstung in Bezug auf den Röstverlust, den Energieaufwand und die von aussen erkennbare Röstfarbe.
Nachteil, gerade für Espresso ist jedoch, dass durch diese Schnellröstungen die ungewollten Säuren bei Espresso wirklich sauer und adstringierend im Mund wirken. Diese sind zu Beginn der Röstung am stärksten, verschwinden nicht wie bei der traditionellen Trommelröstung langsam wieder, sondern verbleiben in hohem Maße in den Bohnen.

Trommelröstung beendet

Kühlsieb

Wir sprechen hier nicht von den gewollten feinen Fruchtsäuren, die dem Kaffee seinen speziellen Charakter verleihen, sondern von strengen, aggressiven Säuren. Werden Kaffees auf diese Art geröstet und im Filter- oder ähnlichen Brühverfahren hergestellt, ist der Säuregeschmack durch den dünneren Aufguss nicht so aufdringlich zu spüren, aber im Hochkonzentrat Espresso um so mehr.

Also spielen gerade bei Espresso alle Einflussfaktoren eine wesentlich grössere Rolle als bei weniger intensiven Brühverfahren.

Über die Farbe des Röstkaffees kann man auch auf die geeignete Zubereitungsmethode schliessen:

Helle, sowie schnell geröstete Kaffees eignen sich ausschliesslich für die Zubereitung von Filterkaffee, da der Gehalt an Chlorogensäuren noch zu hoch für eine stärkere Extraktion ist. Diese Säuren wären schlicht und einfach sauer in einem Espresso, auch im Schweizer Kolbenkaffee.

Mittlere Röstungen eignen sich für Filterkaffee und den Schweizer Kolbenkaffee, da die Säuren bei der Röstung schon abgenommen haben. Für Espresso, das konzentrierteste aller Kaffeegetränke, ist der Säuregehalt auch hier noch zu hoch.

Für Espresso eignen sich nur dunklere Röstungen, da sie nur noch geringe Mengen an Säuren enthalten. Die sogenannten italienischen Röstungen fallen im Norden etwas heller, damit milder, im Süden sehr dunkel, fast schwarz aus *(siehe Foto)*.

Mit zunehmenden Röstgrad werden Säuren abgebaut und die Aromen können sich vollständig entwickeln.

Espressobohnen

Die Stärke der Röstung hat wesentlichen Einfluss auf die jeweilige Zubereitungsart.

Allerdings weichen die Säuren bei einer sehr dunklen Röstung vollständig und machen vermehrt Bitterstoffen Platz. Dieser Espresso schmeckt dann rauchiger, tendiert mehr zu bitterem Geschmack mit einem leichten Kohlenton, entwickelt aber mit viel Zucker eine deutliche Karamellnote.

E

Verpackung & Lagerung

Röstkaffee, als Bohnen oder gemahlen, ist ein sehr sensibles Produkt. Um ihn vor schädliche Einflüssen wie Sauerstoff, Gerüchen, Feuchtigkeit, Wärme und auch Licht zu schützen, muss er sofort nach dem Rösten in eine optimale Verpackung. Die handelsüblichen Tüten sind heute oft vakuiert bzw. unter Beigabe von Stickstoff oder Kohlendioxid verschlossen.

Die wichtigsten Typen und ihre Haltbarkeit

- Flexibles, nicht gasdichtes Wachspapier, preisgünstig, aber nur für kurzfristigen Verbrauch geeignet, Transportverpackung
- Folien-Vakuum, ca. 70% Marktanteil, gemahlener Kaffee wird vom Röster vakuiert und versiegelt. Nach dem Öffnen sofort zu verbrauchen.
- Begaste Folienverpackung: Luft wird gegen ein Schutzgas – Stickstoff, N2 oder Kohlensäure – ausgetauscht.
- Ventilpackung für ganze Bohnen: das Ventil lässt die Abgabe von Kohlendioxid – das aus den Bohnen entweicht – zu, lässt aber keinen Sauerstoff eindringen, hochwertig.

Gerösteter Kaffee verliert innerhalb weniger Tage Aromastoffe. Jede Form der Verpackung bleibt lediglich ein Versuch, diesen Verlust so lange wie möglich hinauszuzögern.

Daraus lassen sich einige Grundsätze ableiten:

- Immer nur den Verbrauch von wenigen Tagen einkaufen, um möglichst frische Ware zu erhalten.
- Möglichst kleine Verpackungsgrössen wählen, da sie sich nicht mehr verschliessen lassen und die Bohnen bereits mit Sauerstoff Kontakt hatten. Die im Kaffee enthaltenen Öle, Fette und Wachse lassen ihn nach wenigen Stunden ranzig werden.
- Unbedingt kühl lagern, evtl. im Kühlschrank
- Nicht in andere Behältnisse umfüllen, er verliert dabei Aromastoffe und bekommt zuviel Sauerstoff ab.
- Möglichst ungemahlenen Kaffee wählen und erst bei der Zubereitung mahlen.
- In Maschinen immer nur so viele Bohnen einfüllen, wie in den nächsten Stunden verbraucht wird. Abends den bereits gemahlenen Kaffee entsorgen.
- In der Gastronomie: die Bohnenbehälter morgens und erst halb auffüllen, besser mehrmals nachfüllen.

F

Mahlen – Technik & Bedeutung

Der Mahlgrad soll genau der Art der Zubereitung angepaßt werden. Die dazu erforderliche Mühle kann ein separates Gerät sein oder bereits in die Kaffeemaschine integriert sein. Marktüblich sind heute zwei Techniken: Kegelmahlwerk und Scheibenmahlwerk. Ersteres mahlt ausreichend für Brühkaffee, produziert aber unterschiedlich große Körnung und Staub, ist damit für

Espresso nicht geeignet. Das Scheibenmahlwerk mahlt eine gleichmäßige Körnung und ermöglicht damit eine gleichmäßige Extraktion.
Hochdrehende Elektromühle vergessen, insbesondere wenn sie mit einem Schlagmesser arbeitet.
Generell sind Scheibenmahlwerke mit möglichst großem Durchmesser allen anderen Mahlwerken (auch dem Kegelmahlwerk) im Ergebnis überlegen. Diese Technik erzielt eine gleichgroße Körnung, damit eine gleichmäßige Extraktion und wenig Staub. Sowohl Vorratsbehälter, wie Mahlgutbehälter sollten möglichst klein dimensioniert gewählt werden. Die gewährleistet eine kurze Verweildauer des Kaffees in der Mühle, also wenig Zeit im Kontakt mit Sauerstoff. Ein starker, langsam laufender Motor garantiert eine kalte Mahlung, somit wenig Kondensat an austretenden Ölen und Fetten, wenig Oxidation, ranzige Töne im frischen Kaffee.
Optimal sind sog. „ grind on demand – Mühlen, d.h. Mühlen, die direkt in den Siebträger/ Behälter mahlen. Hier vergeht zwischen Mahlung und Brühvorgang am wenigsten Zeit.
Die ungefähren Mahlgradeinstellungen sind bei der jeweiligen Zubereitungsart angegeben, müssen aber auf die jeweilige Sieb- und Lochgröße fein eingestellt werden. Hier muß man selbst testen: zu fein gemahlen, gelangt zuviel Mahlstaub in das Getränk und das Sieb verstopft auf die Dauer. Zu grob gemahlen, wird die Extraktion geringer, der Kaffee dünner. Insbesondere beim Kauf einer Haushaltsmühle darauf achten, dass sie den Kaffee so kühl wie möglich mahlt. Also bitte die kleine hochdrehende Elektromühle vergessen. Dann eher eine klassische Handmühle benutzen.
Die Mahlscheiben werden oft vergessen: sie nutzen ab und müssen von Zeit zu Zeit erneuert werden. Dies gilt besonders für Profimühlen.
Generell Mühlen immer nur mit der Menge, die soeben verbraucht wird, befüllen – auch zuhause. Besonderes Augenmerk bitte auf die Reinigung legen: da sich beim Mahlen Wachse, Öle und Fette ablagern, beginnen diese schnell zu oxidieren, der nachfolgende Kaffee wird geschmacklich beeinträchtigt. Also Bohnenbehälter – je nach Verbrauch – nach 2-4 Tagen reinigen, die Mühle von Zeit zu Zeit zum Service geben. Da die Mahlung beim Espresso entscheidenden Einfluss hat, sind in dem Kapitel *Espresso* weitere Informationen zu finden.

Wasser & Filter

36

4.

Das Wasser

Eine Tasse Kaffee besteht aus bis zu 99% Wasser. Daher muss auf diesen zweitwichtigsten Stoff neben dem Kaffee selbst, grosses Augenmerk gerichtet werden.

Zunächst für den Geschmack unseres Produktes, aber auch um die Maschine zu schützen.
Wasser kommt in der Natur nie im reinsten Zustand vor. Die Herkunft bestimmt Eigenschaften und Geschmack, Gesteins- und Bodenverhältnisse ebenso wie die regionale und eigene Aufbereitung. Wasser ist ein hervorragendes Lösungsmittel. Für den Geschmack der Tasse Kaffee spielen vor allem die Zusammensetzung der Mineralien die entscheidende Rolle. Unter Hitze fällen sie sich in Kalkverbindungen aus. Der Härtegrad oder die Gesamthärte (Einheit: °d, Grad deutsche Härte) gibt den Gehalt an Calcium- bzw. Magnesiumionen an, je mehr, desto härter ist das Wasser.

Filter sind für alle Kaffeemaschinen, ob Haushalt oder Gewerbe, notwendig – dem Kaffee und der Maschine zuliebe!

Wasser von 0-4°d wird als „sehr weich", von 4-8°d als „weich", von 8-12°d als „mittelhart", von 12-18°d als „ziemlich hart", von 18-30° als „hart" und von über 30°d als „sehr hart" bezeichnet.
Die Gesamthärte kennt zwei Arten – die Karbonathärte und die Nichtkarbonathärte.
Die Karbonathärte, die sog. „temporäre" Härte, eine Verbindung aus Calcium- und Magnesiumionen mit Kohlensäure kann man sehen:
Beim Erhitzen des Wassers verflüchtigt sich die Kohlensäure, die Ionen setzen sich als hellgrauer Belag, als Kesselstein ab.
Die Nichtkarbonathärte, die „permanente Härte", (mit Beimengungen von Chloriden und Sulfaten) bildet keinen Belag.

Ein weiterer Faktor ist der pH-Wert, ein Messwert für den eher sauren oder basischen Zustand. Der Zusammenhang mit dem Kalkgehalt: „weiches" Wasser hat einen eher sauren, „hartes" Wasser einen eher basischen Charakter.
Für die Zubereitung von Kaffee bedeutet dies einen starken Einfluss:
Bis 6°d reagiert das Wasser eher sauer. Saures Wasser betont die Säuren des Kaffees, im Extremfall (also sehr niedrigem pH-Wert) kann sogar Sahne gerinnen. Säureintensive Rohkaffeesorten, helle Röstungen oder zu schnell gerösteter Kaffee verstärken die Säure im Geschmack unter Umständen erheblich.
Vollenthärtetes Wasser mit hoher Säure kann Leitungen und Bauteile von Kaffeemaschinen zerfressen.
Bei „hartem" bis „sehr hartem" Wasser liegt der pH-Wert ja leicht im basischen Bereich, die feinen Fruchtsäuren, insbesondere von Arabicasorten, werden neutralisiert – dem Geschmack fehlt Volumen und Differenzierung. Die härtebildenden Mineralien entwickeln auch einen unerwünschten Nebengeschmack.
Bei unzureichend eingestellter Filtertechnik entwickeln sich in allen wasserführenden Teilen von Kaffeemaschinen kalkhaltige Ablagerungen, die Leistungsfähigkeit und Lebensdauer erheblich einschränken, bzw. hohe Reinigungskosten verursachen.

Wasserhärte:

0-4°d	sehr weich
4-8°d	weich
8-12°d	mittelhart
12-18°d	ziemlich hart
18-30°	hart
über 30°d	sehr hart

Die Einstellung der Wasserhärte ist für das geschmackliche Ergebnis wichtig.

Ideal zur Zubereitung von Kaffee ist also Wasser mit einem pH-Wert von 7,0, mit wenig Karbonathärte, mit einer Gesamthärte von ca. 8°d.

Übrigens beeinträchtigt der in vielen Gegenden übliche hohe Chlorgehalt schon in geringen Mengen die Geschmacksqualität, insbesondere von Brühkaffee.
Auch aus Gründen der Pflege, Wartung und Haltbarkeit, also von Hygiene und Kosten, sollte vor jeder Inbetriebnahme einer Kaffeemaschine die Wasserqualität geprüft und ein entsprechender Filter eingesetzt werden. Der Wechsel der heute auch in Haushaltskaffeemaschinen üblichen Filter sollte unbedingt rechtzeitig erfol-

gen, ebenso natürlich bei Gastronomie- und Büromaschinen. Es werden heute verschiedene Techniken der Wasseraufbereitung angeboten, die sich je nach Beschaffenheit, bzw. Problemstellung eignen. Da Wasser als ein lebendiges Medium nicht konstant bleibt und die Filtertechnik entsprechend nachgestellt werden muss, empfiehlt sich eine jährliche Kontrollmessung.

B

Die Filtertechniken

Die beste Filtertechnik lässt sich nach der Wasseranalyse bestimmen

Die Aufhärtung von „weichem“ Wasser wird mittels eines Mineralgranulats erreicht, wodurch auch der pH-Wert korrigiert wird.

Zur Reduzierung der Gesamt- und Karbonhärte von zu hartem Wasser werden oft Ionenausstauscher eingesetzt. Meist empfiehlt sich auch ein Aktivkohlefilter gegen unerwünschte Geruchsstoffe und Chlor.
Eine Möglichkeit:
Die Salzenthärtungsanlage. Hier entziehen Austauscherharze dem Wasser Calcium und Magnesium und geben Natrium ab. Um den Vollverlust derselben auf den Sollwert von 4-6°dH auszugleichen und den pH-Wert leicht anzuheben, wird etwas unbehandeltes Wasser wieder zugemischt (by pass). Geschmacklich ist ein nachteiliger Einfluss durch das Natrium unbedeutend.
Sind die Austauscherharze erschöft, also mit Kalzium/Magnesium gesättigt, müssen sie mit Kochsalz (Natriumchlorid) regeneriert werden. Dies kann vor Ort selbst durchgeführt werden.

Die Wasserstoffenthärtung

Austauscherharze entziehen dem Wasser Calcium/ Magnesium und geben Wasserstoffionen ab. Dabei werden Karbonate umgewandelt und sinken unter die Messbarkeitsgrenze. Auch hier wird über einen bypass unbehandeltes Wasser zugefügt, um 4-6°dH zu erreichen. Sind die Austauscherharze erschöpft, müssen sie vom Filterhersteller regeneriert werden.

Die Umkehrosmose

Da auch durchaus den gesetzlichen Vorschriften entsprechendes Trinkwasser eine ganze Reihe von unerwünschten Stoffen enthält (Nitrate, Pestizide, Schwermetalle, Asbest, Kalk, sonstige chemische Rückstände), bietet sich die Radikallösung an: Das Frischwasser wird vom Leitungsdruck gegen eine sehr feine Membran (Porendurchmesser: 0,0001 Micron) gepresst. Diese lässt somit ausschliesslich Wassermoleküle passieren. Hier werden also bis zu 99% aller im Wasser enthaltenen Stoffe herausgefiltert. Dadurch wird die freie Entfaltung von Aromen am besten gewährleistet. Der pH-Wert verschiebt sich um 0.5 – 1.0 in Richtung sauer.

Für die beste Tasse Kaffee ist bestes Wasser Voraussetzung, geeignete und sorgfältig gepflegte Filtertechnik somit unumgänglich.

C Hygiene & Materialien

Aus dem über die chemischen Eigenheiten und Unterschieden von Röstkaffee und Wasser Gesagten wird klar, dass ein so sensibles, leicht saures Getränk eines dafür geeigneten Materials bedarf.
Schon um 1840 hatte man erkannt, dass der gebrühte Kaffee in Kontakt mit Sauerstoff und besonders Metallen wie Eisen, Kupfer oder Messing sehr schnell sauer und bitter schmeckt. Dagegen waren und sind Glas, Porzellan, heute auch Edelstahl und hochwertige Kunststoffe die Materialien der Wahl. Dies gilt für die Zubereitung, aber auch für die Aufbewahrung.

Hitze und Säuren des Kaffees machen ihn zu einem chemisch stark reagierenden Getränk.

Auch wenn ihre glatte Oberfläche zu geringerer Sorgfalt beim Reinigen verführt: das Gegenteil ist der Fall!
Die Kaffeebohne enthält eine ganze Reihe (bis heute sind ca. 80 verschiedene identifiziert) von Ölen, Fetten und Wachsen (ca. 15%). Diese werden durch die hohe Wassertemperatur gelöst und legen sich an allen Kontaktflächen an und bedeuten damit einen Aufwand an Sorgfalt und Häufigkeit bei der Reinigung, da die Beeinträchtigung im Geschmack sofort durch die Oxidation mit Sauerstoff einsetzt. Also müssen nicht nur Tassen und Maschinen, auch Aufbewahrungs- und Bohnenbehälter, und nicht zuletzt die Mühlen gereinigt werden. Kurz gesagt: alle Teile, die mit Bohnen und Getränk in Berührung kommen. Insbesondere bei Maschinen empfiehlt sich, das Reinigungsprogramm nicht nur einmal täglich, auch ohne Mittel durchlaufen zu lassen, und alle erreichbaren Kontaktteile abzuwischen.

runde und konische Espressotassen

Da handelsübliche Mittel relativ scharf sein müssen, unbedingt sorgfältig nachspülen.

Material sind auch Tassen

Ein so feines Getränk, insbesondere Brühkaffee, entfaltet sich am besten in feinem Porzellan. Gemeint ist hier vor allem der Rand. In der Gastronomie müssen dickwandigere Tassen bevorzugt werden, da hier die Speicherung der Wärme neben der Bruchsicherheit eine grosse Rolle spielt.
Die Industrie bietet auch bruchfeste Milchkaffeetassen mit relativ feinem Rand an.
Die Espressotasse dagegen sollte etwas dickwandiger sein, eben um gut vorgewärmt werden zu können. Die Öffnung sollte klein gewählt werden, dies verringert die Oberflächenspannung – die Crema hält länger. Um die für einen perfekten Espresso üblichen 2-3 cl optisch besser zur Geltung zu bringen, sind leicht konische, also etwas höhere Formen erhältlich. Die Stapelfähigkeit von Tassen ist ausschliesslich ein Kriterium für Massenabfertigung, sie birgt in Form und Materialdicke Nachteile.

Nur wenige Materialien eignen sich für Herstellung und Aufbewahrung von Kaffee. Die besten sind Glas, Porzellan, Edelstahl und hochwertige Kunststoffe.

Die perfekte Zubereitung

A Brühen, die Infusion

B Türkische & orientalische Methode

C Filterprinzip & Techniken

D Kolbenkaffee & Espresso

E Milch, Qualität und Zubereitung

5.

Jede Art der Zubereitung von Kaffee hat eine Reihe von Faktoren, die das Ergebnis beeinflussen. Allen gleich sind folgende Grundvoraussetzungen:

1. **Der Kaffee** sollte so frisch wie nur möglich geröstet und am besten kurz vor Verbrauch gemahlen sein, denn Aromen sind flüchtig.

2. **Das Wasser** sollte von guter Qualität sein. Wo diese nicht kontinuierlich gewährleistet ist, sollte beim Benutzen einer Kaffeemaschine aber auf jedem Fall ein geeigneter Filter vorschalten werden. Nicht nur aus Geschmacksgründen, sondern z.B. um die Maschine vor Ablagerungen zu schützen.

3. **Die Sauberkeit** ist sehr wichtig: Alle Behältnisse und Teile, die mit Kaffee in Berührung kommen, neigen zu Ablagerungen von Fetten und Ölen. Da diese mit Sauerstoff oxidieren, beeinflusst dies den Geschmack stark.

Brühen, Kannenaufguss, die Infusion

Die Älteste aller Methoden ist das Zerkleinern bzw. Mahlen der Bohnen und mit heißem Wasser übergiessen.

Ja, heiß, nicht kochend, denn über 95 Grad Celsius lösen sich unerwünschte Stoffe. Die für ein perfektes Geschmackserlebnis ideale Kombination von Inhaltsstoffen erhalten wir im Bereich von ca. 89-95° C.

Als Mahlgrad für die hier empfohlenen reinen Arabicasorten sollte man mittelfein, eher gröber wählen. Nach Geschmack vier bis sieben Minuten ziehen lassen, dann durch ein Sieb in eine vorgewärmte Kanne (Wasserbad, oder Thermos) oder in Tassen füllen.

Das Aufbrühen ist zunächst eine sehr schonende Methode. Da ja keinerlei Druck ausgeübt und die Durchlaufzeit vom Mahlgrad und der Schwerkraft bestimmt wird, löst sich lediglich ein bestimmter Teil von Stoffen, weniger Aromen und Röststoffe als bei anderen Methoden.

Da das Aufbrühen über Jahrhunderte die einzige Methode war, wurde sie besonders in Mitteleuropa mit viel Mühe und technischem Aufwand verfeinert. Auch weil es den geringsten Aufwand benötigt, ist es weltweit heute noch die verbreitetste. Obwohl die verschiedensten Filtertechniken, der Kolbenkaffee oder Schümli in den letzten Jahren stark zugenommen haben, das Aufbrühen hat seine Eigenheit und Berechtigung.

Perfekt zubereitet ist es ein den feinen Säuren und Fruchtaromem des Arabica entgegenkommendes Verfahren, daher auch heute noch unersetzlich beim soge-

Cupping ist bis heute das beste Verfahren, feinste Unterschiede und Eigenheiten zu schmecken.

nannten „cupping“, dem sensorischen Geschmackstest der Kaffeeimporteure, Röster und Gastronomen.
Hierbei werden verschiedene Sorten bzw. Mischungen unter gleichen Bedingungen zubereitet und verkostet. Die in einer Mühle bei einer sehr groben Einstellung gemahlene Menge Kaffeemehl wird in gleichgroße Tassen eingefüllt und einer Geruchsprobe unterzogen. Mit heissem Wasser übergossen, lässt man den Kaffee ca. drei bis vier Minuten ziehen. Es bildet sich eine sogenannte Kruste, die mit einem speziellen grösseren Löffel aufgebrochen wird, um Geruch, Konsistenz, Farbe, Dichte und Geschmack zu beurteilen bzw. zu vergleichen. Die Unterschiede sind immer wieder erstaunlich und für Fachleute die beste Methode, um Ernte und Qualitäten zu beurteilen, bzw. die geschmackliche Kontinuität einer Mischung zu erreichen.

B Die türkische & orientalische Methode

Wenngleich das Aufbrühen durch die Idee der Filtration in Europa und Amerika langsam verdrängt wird, im Nahen Osten, Türkei und Teilen Afrikas hat sich eine verfeinerte Art erhalten:

Um eine höhere geschmackliche Ausbeute zu erhalten, wird der Kaffee zu feinem Mehl zerstampft, bzw. in der Mokkamühle gemahlen, zwei Löffel Kaffeemehl mit derselben Menge Zucker in einem kleinen Kännchen, dem „cezwe“, ein- bis dreimal aufgekocht. Da der Kaffee beim Kochen stark schäumt, sollte man nicht zuviel Wasser (8-10 cl) zusetzen. Diese Methode ist auch heute von der Türkei über den Westen Russlands, den gesamten Balkanraum bis Wien üblich. Die orientalische Methode ist ein alter Bestandteil der Esskultur im Vorderen Orient, kein Mahl ist ohne Kaffee beendet. Da Gewürze hier eine lange und bedeutende Tradition haben, wird eine ganze oder zerstossene Kardamomkapsel mitaufgekocht. In Äthiopien hat sich bis heute die etwa zwei bis drei Stunden dauernde Kaffeezeremonie erhalten: die Freunde des Hauses, die Dorfbewohner versammeln sich nach und nach, während auf einem Teppich sitzend die Hausherrin den Kaffee sortiert, röstet, mahlt und schliesslich aufkocht. Während dieser Zeit, üblicherweise der heissesten des Tages, hat man ausreichend Muße, um über alle Themen des Tages zu sprechen, eigentlich also wie in Europa ein wichtiger Bestandteil des sozialen Lebens.

Der Bagdadkessel der Ibrik

Die ersten Behältnisse für Kaffee waren vermutlich kleine Kürbisse. Aus ihnen liessen sich einfach Kannen mit einem Ausguss (die abgeschnittenen Austriebe) herstellen. In diesen offenen, konisch zulaufenden Ausguss konnte man feine Wurzeln und Gewürze drücken und damit filtern. Als man später Metall zur Herstellung verwendete, behielt man diese zwar aufwendig herzustellende Form aus praktischen Gründen bei. Der Bagdadkessel erhielt erst ab dem 17. Jahrhundert einen Deckel und ist heute noch im ganzen orientalischen und kleinasiatischen Raum in Gebrauch.
Ein sehr viel einfacheres Behältnis tauchte ab dem 16. Jahrhundert im osmanischen Raum auf: der Ibrik.
Eine kleine bauchige, oben offene Kanne mit langem Stiel. In ihr liess sich überall auf offenem Feuer der türkische Kaffee zubereiten. Man findet sie meist mit 6 Bechern auf einem kleinen Tablett überall im Balkan auch heute im Einsatz.

Moccamühle und Bagdadkessel

Ibrik

C
Das Filterprinzip & Techniken

Die Handfilterung

Schon im 18. Jahrhundert störten sich die Kaffeegeniesser in Frankreich, England und Deutschland am Satz in der Tasse. Zunächst benutzte man Leinensäckchen, aber die Extraktion wurde behindert. Man experimentierte mit Metallfiltern, aber die Löcher waren nicht fein genug und der Kaffee wurde schnell sauer. Erst Mitte des 19. Jahrhunderts fand man in Porzellan und dem ersten temperaturbeständigen Glas ideale Werkstoffe. Dies löste eine Welle von vielfältigen neuen Entwicklungen aus.

Die Erfinderin des kommerziellen Porzellanfilters Melitta Bentz experimentierte jahrelang, bis sie mit der Idee des Porzellanspitzfilters ein bis heute sehr gutes Ergebnis erzielte. Die Neigung und der Durchmesser des Auslaufs sind so bemessen, dass die Durchlaufzeit dem Ziehenlassen entspricht. Empfehlenswert ist, zunächst die Filtertüte anzufeuchten, das mittelfeine, im Handel so erhältliche Kaffeemehl mit einem kleinen Schwall heissem, aber keinesfalls kochendem Wasser kurz anzufeuchten, dann zu übergiessen.

Auch die Dresdner Hausfrau Melitta Bentz ärgerte sich über Kaffeesatz in der Tasse. Sie begann, mit Löschpapier ihres Sohnes und einer Blechbüchse, in die sie Löcher bohrte, zu experimentieren. 1908 meldete sie ihr erstes Patent an. Ein Konzern war geboren.

alter Melittafilter

Porzellanfilter

Die Karlsbader Kanne

Eine interessante Variante ist die „Karlsbader Kanne", eine drei- manchmal vierteilige Porzellankanne mit Porzellanfilteraufsatz. Nur wenige Hersteller waren in der Lage, ein so feines Porzellansieb herzustellen. Gerade dadurch kann ein sehr guter Brühkaffee erzielt werden. Die Mahlung sollte eher gröber gewählt, die Kanne gut vorgewärmt werden. Der Siebbehälter muss nach Gebrauch besonders gründlich gereinigt werden.

Die Wendekanne

Angeblich wurde sie in Neapel entwickelt, die Wendekanne oder Napolitana. Seit der Mitte des 19. Jahrhunderts in zahlreichen Varianten aus Metall und Porzellan auf dem Markt, stellt auch sie eine einfache Zubereitungsart dar: Drei Teile, ein Wasserbehälter, ein doppelseitiger Siebbehälter, gefüllt mit eher gröberem Kaffeemehl und eine Kanne werden miteinander verschraubt auf die Herdplatte gesetzt. Beginnt das Wasser zu kochen, ertönt ein Pfeifton, das Gerät wird von der Platte genommen, und nach einer Minute umgedreht. Nun dringt das Wasser durch den Filter nach unten – der Kaffee kann aus der Kanne entnommen werden. Man beachte lediglich, dass die Kanne gut verschlossen ist.

Die Siebstempelkanne, Cafétière

Eine sehr verbreitete und einfache Methode stellt die Siebstempelkanne, Cafétière oder Chambordkanne dar. Sie besteht aus einem zylindrischen Glasbehälter, einem an einer Edelstahlstange befindlichen Metallfilternetz (unbedingt die Kunststoffsiebe meiden, sie lassen sich auf Dauer nicht ausreichend reinigen, und sind nicht lange haltbar) und einem Edelstahldeckel.
Das Verfahren bestimmt die Standzeit durch mechanischen Druck, erreicht somit eine gute Extraktion. Den Glasbehälter vorwärmen, pro Tasse ein bis zwei gestrichene Kaffeelöffel oder ein Lot eher grob gemahlenes Kaffeemehl einfüllen und mit heissem Wasser angiessen. Nun kurz quellen lassen, aufgiessen und umrühren.

Nach drei bis vier Minuten den Siebstempel langsam bodenwärts drücken – fertig. Nicht vergessen, das Sieb anschliessend gründlich zu reinigen.

Die Gebrauchsanweisung beachten.

Dieses Prinzip hat sich in den letzten Jahren nicht nur in Haushalt und Büros durchgesetzt. Man findet kleine Kännchen auch nicht selten in der gehobenen Gastronomie, wenn Wert auf gute Zubereitung feinster Arabicas gelegt wird.

Die Espressokanne, der Perkolator, das Steigrohrprinzip

Die geniale Idee ist eine Art Automatisierung, die Dampfkraft zu nutzen. Ein bis auf ein kleines Rohr im Deckel geschlossener Behälter mit Wasser wird erhitzt. Beginnt nun das Wasser zu kochen, zwingt die Ausdehnung den Wasserdampf im Rohr hochzusteigen. Dort trifft er in einem aufgesetzten Behälter auf das Kaffeemehl. Der Zeitraum, bis nichts mehr hochsteigt, entspricht der notwendigen Kontaktzeit (Standzeit), der Kaffee kann entnommen werden.
Der Beginn des 19. Jahrhunderts war die Zeit des Dampfdruckes – somit wurde besonders in England, Deutschland und Frankreich sehr viel experimentiert. Der Pariser Blechschmied Laurens war wohl der erste, der, fast zeitgleich mit deutschen und englischen Erfindern, dieses Prinzip 1818 anmeldete und herstellte.
Das Ergebnis war ein kräftigerer Kaffee, als man ihn bisher kannte. Diese Technik wurde in nahezu unzähligen Entwicklungen variiert und verfeinert. In den Folgejahren wurden viele Patente auch in England und Deutschland angemeldet, es dauerte jedoch noch Jahrzehnte, bis sich der Perkolator durchsetzte. Dann aber gewaltig – im gesamten europäischen und amerikanischen Wirtschaftsgebiet.

Der Pariser Blechschmied Laurens war wohl der erste, der 1818 fast zeitgleich (zwischen den Patentanmeldungen liegen nur wenige Tage) mit deutschen und englischen Erfindern dieses Prinzip anmeldete und herstellte. Die Idee muß, wie so oft, „in der Luft“ gelegen haben, denn die Herren kannten sich nicht.

Die heute üblichsten Formen sind die italienische Espressokanne und die Cona Kanne.
Eine auch heute noch sehr gebräuchliche Form ist die sog. Espressokanne. Der Name ist irreführend, denn sie kann keinen Espresso hervorbringen, aber einen etwas stärkeren Kaffee. Allein ein einziger italienischer Hersteller konnte über 100 Millionen seiner Aluminiumkannen absetzen.
Ende des 20. Jahrhunderts glaubte man einen Zusammenhang zwischen der Aufnahme von Aluminium (Kaffee frisst es an) und dem Entstehen von Morbus Alzheimer zu erkennen, seither werden sie in Edelstahl hergestellt. Also sollte man ältere Modelle nicht mehr benutzen.
Die Siebe sind so fein, dass man eine feineren Mahlgrad durchaus empfehlen kann. Italienische, gemahlene handelsübliche Packungen sind darauf eingestellt.

Da diese Haushaltsgeräte in unterschiedlichen Größen und Materialien, sowie technischen Details angeboten werden, bitte die Gebrauchsanweisungen genau beachten.

Die Cona-Kanne

In der Urform bereits in der Mitte des 19. Jahrhunderts in Frankreich entwickelt, wurde sie eine der langlebigsten Methoden, guten Brühkaffee herzustellen. Trotz ihres so einfachen Aussehens hat es sehr viele kleine Entwicklungsschritte gebraucht, bis sie ihren heutigen Perfektionsgrad erreicht hat. Die letzte, aber entscheidende Verbesserung wurde erst um 1975 eingeführt: die Metallfeder, der Widerstand wurde durch einen Glasstöpsel ersetzt. Das Gewicht des Glases entspricht dem Widerstand der Metallfeder, öffnet also erst bei entsprechendem Dampfdruck. Die sehr rauhe Oberfläche lässt nur den Kaffee, nicht den Satz, in die Kanne. Die Bedienung ist denkbar einfach: Nach Geschmack 7-8 g, oder ein Lot (5 g) frisch gemahlenen Kaffee pro Tasse einfüllen, in den Wasserbehälter frisches Wasser, den Brenner anzünden.
Es hat immer noch einen Hauch von Labor, wenn das Wasser kochend sich einen Weg durch das Glasrohr am Stöpsel vorbei erzwingt. Hat es sich bis auf einen kleinen, verbleibenden Rest mit dem Kaffeemehl vermengt, heisst es nur noch drei Minuten für eine etwas mildere, vier Minuten für eine etwas kräftigere Variante ziehen lassen. Die Flamme löschen – innerhalb weniger Sekun-

den bricht der Überdruck im Wasserbehälter zusammen, der nun entstehende Unterdruck saugt den Kaffee nach unten.
Eine elegante Methode mit Unterhaltungswert und einem kleinen Vorteil: einfach ausspülen – fertig.

Das Prinzip der Glaskolbenkanne wurde 1840 für die Apothekersgattin Madame Vassieux in Lyon patentiert. Sie hatte mit den damals neuen, temperaturfesten Glaskolben ihres Mannes experimentiert. Über mehrere Jahrzehnte wurde die Kanne bis zu ihrer heutigen Perfektion weiterentwickelt.

Die Maschinenfilterung

Nahezu jeder europäische und amerikanische Haushalt besitzt heute eine Filtermaschine.
Da das Filterprinzip sich ausser in Italien überall sehr stark durchgesetzt hatte, steckten viele Unternehmen ihre Energie in die Weiterentwicklung von Haushalts- und Gastronomiemaschinen.
Der Kaffeemarkt, die Röstereien stellten sich auf diese ein, entwickelten eigene Standardmischungen und Röstungen für die lokalen, also deutschen, französischen, italienischen und amerikanischen Verbraucher.
Die Idee der Standardisierung erleichterte die Zubereitung und kam der Erwartungshaltung der Konsumenten entgegen.
Eine wichtige Lösung besonders für die Gastronomie, man sparte Zeit und Fachwissen der Mitarbeiter, der Kunde kannte die Marke.
Für Haushaltsmaschinen werden seit Jahrzehnten Kunststoffe eingesetzt. Sie sind nicht nur preiswert, senkten dadurch den Preis einer Maschine gewaltig, sondern sind heute auch technisch und gesundheitlich unbedenklich.
Hier muss nur bedacht werden, dass sie genauso oft und gründlich gereinigt werden müssen, wie Porzellan, Glas oder Metall. Verunreinigungen und Rückstände sind oft aufgrund der oft dunklen Farben weniger sichtbar.

Sollten stark beanspruchte Stellen verkratzt werden, besser das Teil oder die Maschine austauschen, da sie sich nur noch ungenügend reinigen lassen. Kaffeewachse und -öle haften an Kunststoffen besonders gut.
Oft liegt also ein schlechtes Ergebnis dieser Maschinen einfach an unzureichender Reinigung und Entkalkung.
Professionelle Brüher waren und sind durchwegs technisch, in Material- und Brühtechnik, besser ausgerüstet.
Das Zauberwort des Brühsystems heisst: Frische!
Da diese Methode durchwegs mit geringerem Druck arbeitet als das Espressosystem, lösen sich nicht nur weniger Fraktionen an Inhaltsstoffen, sie bilden in der relativ grossen Wassermenge ein sehr filigranes, geradezu sensibles Geschmacksbild.

Die Frische bedeutet hier dreierlei :

- die frisch geröstete Bohne,
- die frisch gemahlene Bohne
- sowie den möglichst sofortigen Genuss des soeben gebrühten Getränks.

Zu sehr hat sich, insbesondere im Büro, aber auch in der Gastronomie eine zu lange Aufbewahrung in Vorratsbehältern, bzw. Thermoskannen eingeschlichen. Eine bequeme, eine sichere Lösung – aber um welchen Preis!

Die Extraktionszeit, nicht die Leistung der Maschine, definiert die Höchstgrenze für die Geschwindigkeit, die eine gute Tasse Kaffee braucht.

Auch wenn hochwertige Werkstoffe viel leisten – die Flüchtigkeit von Aromen und die Oxidation mit Sauerstoff können sie eben nur sehr begrenzt aufhalten. Aus der strengen Sicht einer perfekten Zubereitung: nur wenige Minuten.

Das Rezept heißt: Leistung.
Besser in die Leistungsfähigkeit des Mengenbrühers investieren, als in Vorratsbehälter.
Die technische Grenze ist die Bereitschaft des Kunden, des Konsumenten, auf eine Tasse Kaffee zu warten. Hier ist auch die Grenze zwischen Anspruch und technischen Möglichkeiten erreicht: eine perfekte Tasse Kaffee braucht ebenso ihre Zeit wie ein Espresso. Alles andere bleibt definitiv Kompromiss.

Der Trend geht zu höherer Qualität und Individualität, also Frische und Provenienzen.
Genau hier hat der Brühkaffee nicht nur seine historische, seine gewachsene, kulturelle Bedeutung, sondern auch starke Chancen in der Zukunft.
An dieser Stelle noch zu einem wesentlichen, sehr oft vernachlässigten Punkt: Die Beratung.
Jede Betriebsgröße, jede Kundenstruktur, jedes Betriebskonzept bedarf einer genau darauf abgestimmten Technik. Der durchschnittliche Gastronom nutzt hier das sehr breite Angebotsspektrum zu wenig, entscheidet nicht tief genug, oder lässt sich zu wenig genau und unabhängig beraten.
Dies gilt für Wassertechnik ebenso, wie für die Leistungsstruktur und -fähigkeit der Maschinen, die Arbeitsabläufe und -wege.
Die Folge sind oft Beschwerden, wie: die Maschine ist zu langsam u.ä.

Eine gute Tasse Kaffee verführt zu einer zweiten, also bleibt die Geschwindigkeit zweitrangig.

Die Kaffeemärkte, der Konsum befindet sich auf einem sehr hohen Pro-Kopf-Niveau. Dieses lässt sich langfristig nur über einen Zugewinn an Qualität und Konstanz halten. Also nicht über: Masse statt Klasse, sondern Masse mit Klasse.
Für die nördliche Hemisphäre kann das Brühsystem sehr wohl weiterhin die sowohl kulturelle wie physiologisch sinnvollere Variante der Kaffeezubereitung bleiben. Das Espressosystem ist, durch die kleinere Menge, den kurzen, heftigen „Kick", die schnellere Idee. Das Brühsystem bleibt das kommmunikativere. Allerdings gleichen die amerikanischen Coffee-Shop-milk-related-drinks diesen Nachteil durch die große Milchmenge aus.

Die Espressomaschine

Ob der Mailänder Ingenieur Luigi Bezzera wohl ahnen konnte, was er mit seiner Anmeldung einer Siebträgermaschine 1901 auslöste? Sicher aber die Firma La Pavoni, die 1903 das Patent erwarb und ab 1905 erfolgreich produzierte. Einer der zahlreichen, die weiterexperimentierten, war Francesco Illy, der, um den natürlichen Dampfdruck zu erhöhen, Druckluft einsetzte. Im Jahre 1948 vollzog dann Achille Gaggia den entscheidenden Schritt, indem er den Druck in einem Kolben mit einer Spiralfeder aufbaute. Die E 61 wurde der weltweite Durchbruch für die Espressotechnik. Nun wurde der Kessel quer gelegt und der Druck mit einer Pumpe aufgebaut – ein Prinzip, das bis heute mit zahllosen kleinen, aber wichtigen kleinen Verbesserungen zur heutigen Perfektion vervollkommnet wurde.

Die Espressomaschine wurde bereits Anfang der sechziger Jahre in immer kleineren Varianten für Bars und den Haushalt angeboten, setzt sich aber erst seit wenigen Jahren nördlich der Alpen durch. Für den Einsatz empfiehlt sich alles im Kapitel *Espresso* aufgeführte, nun wurde auch das scheinbar ewige Dampfproblem von den ersten Herstellern gelöst. Das Aufschäumen gelingt nun so fein wie bei einer Profimaschine. Man kann sich hier aber auch mit verschiedenen marktüblichen Milk-Foamern behelfen.

Die kommerzielle Espressomaschine hat sich in den letzten Jahren stark weiterentwickelt. Die digitale Technik der Halbautomaten ist mit etwas Übung sehr genau einzustellen. Die richtige Baugröße und die richtige technische Ausstattung zu wählen bedarf sehr guter Beratung. Diese jedoch kann immer nur so gut sein, wie die Genauigkeit der Betriebskonzeptvorstellungen des Gastronomen.

Der Siebträger, das Handling, die Geschicklichkeit der Barista sind an sich schon eine Art Kulthandlung, vor den Augen des Kunden wird „sein" Espresso zelebriert.

Dies wird wohl ein unschlagbarer Vorteil gegenüber dem Vollautomaten bleiben. Der Siebträger eignet sich aber wiederum nur für kleinere Betriebe. Das italienische Konzept des „Autogrill" mit seinen zahlreichen flinken und souveränen Baristi wird sich im Norden nicht durchsetzen können.

Eben noch ein Grund, nach Italien zu fahren.

STOP
STANDBY
ESPRESSO
KAFFEE
MACCHIATO
MILCH
DAMPF

Vorgehensweise bei der Einstellung einer vollautomatischen Kaffeemaschine zusammen mit dem Servicetechniker

- Das zur Maschine führende Rohwasser muss gemessen werden. Bei mehr als 6° dKH muss ein Enthärtungsfilter vorgeschaltet werden und der Verschnitt auf 4-6° dKH eingestellt werden.
- Die Maschine muss vollständig gereingt sein (inkl.Bohnenbehälter)
- Funktion der Pumpe prüfen und Brühdruck auf 8 - 8.5 bar einstellen
- Brühtemperatur einstellen (Kolbenkaffee bis ca. 90° C, Espresso bis max. 95° C), Temperatur kontrollieren (ca. 5 Minuten lang das Brühwasser durch den leeren Kolben laufen lassen und dann das auslaufende Wasser messen). Nicht den auslaufenden Kaffee messen. Die Unterschiede von Tasse zu Tasse nacheinander sind zu gross und man weiss nur, ob der Kaffee heiss oder etwas kühler ist, nicht aber bei welcher Temperatur er gebrüht wurde.
- Frischen Kaffee einfüllen. Spezielle Mischung für Kolbenkaffee in eine Mühle, spezielle Mischung für Espresso (dunkler, weniger Säuren) in die andere.
- Wasserdosierungen inkl. Pre-Infusion einstellen. 25-30 ml Espresso, Kaffee je nach Tassengrösse.
- Kaffeeportion einstellen, ca. 8 - 8,5 g pro Espresso, 14 g pro Doppio, 8-10g für Kaffee.
- Pulverdosierung unbedingt mit einer Grammwaage prüfen lassen, nicht nach Displayanzeige oder Fingerspitzengefühl Einstellungen vornehmen lassen.
- Zwei Kaffees nicht gleichzeitig, sondern nacheinander brühen lassen. Die Unterschiede von der Einfach- zur Doppelbrühung sind zu gross. Die Doppelbrühung beim Kaffee hat zu lange Kontakt mit dem Wasser.
- Den Doppio (doppelter Espresso) als Doppelbrühung zubereiten lassen.
- Bei Maschinen mit der Möglichkeit den Kolbenabstand einzustellen, beim Doppio den Abstand (grössere Pulvermenge) grösser einstellen, beim Einzelespresso und beim Kaffee den Abstand geringer halten, dieser Parameter nennt sich „Kammer öffnen“.
- Extraktionszeit kontrollieren
- Extraktionszeit durch den Mahlgrad auf Doppelten Espresso einstellen, ca. 25 Sekunden (nicht feiner, Verstopfungsrisiko ist zu hoch).
- Extraktionszeit mittels des Mahlgrades auf Einzelkaffee einstellen (ca. 18 Sekunden).
- Bei jeder Mahlgradverstellung auch die Pulverdosierung kontrollieren und anpassen.
- Den Mahlgrad nicht nach Fingerspitzengefühl, sondern nach Auslaufzeiten und Geschmack einstellen. Gerade der Mahlgrad ist einer der wichtigsten Parameter bei der Einstellung und darf nicht vernachlässigt werden.
- Kaffee degustieren und bei Bedarf einige Anpassungen machen *(siehe Checkliste „Wenn der Kaffee nicht schmeckt“ Seite 118)*.

Kolbenkaffee & Espresso

Natürlich ein Italiener entwickelte eine auf die Tasse Kaffee übersetzte Espressolösung: die Kolbentechnik.
Das wesentliche Novum ist ein mechanisch ausgeübter Druck auf das Kaffeemehl auf breiterer Basis.
In einen Zylinder fällt portionsweise frisch gemahlener Kaffee, wird vom herunterfahrenden Kolben gepresst. Der Kolben fährt hoch, heisses Wasser schiesst ein, der herabfahrende Kolben drückt es durch das Mehl.
Durch diesen höheren, exakt steuerbaren Druck kommt es zu einer stärkeren Extraktion und der Bildung von Crema. Daher Schümli. Eine ideale Mischung zwischen Brühkaffee und Espressotechnik.

Der Kolbenkaffee, eine ursprünglich italienische Entwicklung, ist die ideale Mischung zwischen Brühkaffee und Espresso.

Unser Italiener fand keinen Hersteller in Italien. Nachvollziehbar, denn man kennt dort die uns vertraute Tasse Kaffee kaum und räumte ihr daher wenig Marktchancen ein. Ein Schweizer Unternehmen erkannte das Potenzial in Technik und die Marktchancen, schliesslich führen die Schweizer seit Jahren den Pro-Kopf-Konsum an Espresso.
Die Technik brauchte etwa zehn Jahre, bis sie auch in Deutschland Fuss fasste, innerhalb weniger Jahre das Land des Brühkaffees eroberte.
Die Hersteller reagierten schnell – so führen heute Schweizer und Deutsche in diesem Technologiebereich.
Kaffee aus der Kolbenmaschine wirkt vollmundiger, aromatischer, dem österreichischen Kaffee ähnlich.
Ein wesentlicher Vorteil bietet die Verbindung beider Prinzipien für die Gastronomie, denn die Tasse Kaffee wie auch Espresso können aus einer Maschine bereitet werden.

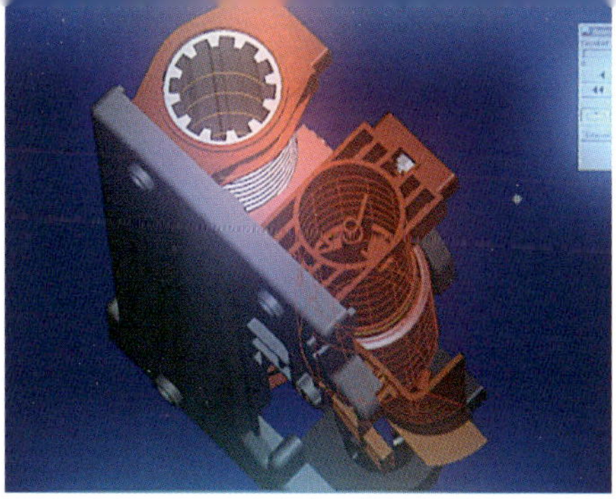

Kunststoff-Brühgruppe

Metallkolben

Auch hochwertigste Kunststoffe finden heute im Maschinenbau Verwendung – sie sind leichter und preiswerter zu ersetzen.

Auch für Kolbenmaschinen gelten folgende Regeln:

- Die richtige Baugrösse, bzw. Leistung für den gewünschten Standort und das anvisierte Klientel aussuchen. Das bedeutet qualifizierte Beratung. Beispiel: die Leistung einer Profimaschine sollte nach einer Dauerauslastung von ca. 60-70 % ausgesucht werden. So kann sie Spitzen in der Auslastung abfangen, ohne zu schnell Störungen oder vorzeitigen Verschleiss zu zeigen. Merke: eine Kaffeemaschine fällt fast immer bei Höchstbelastung aus, zur besten Geschäftszeit. Eine Leistungsgruppe höher kann also schon kurzfristig viel Geld sparen. Umgekehrt verursacht eine zu groß gewählte Maschine zu hohe Betriebskosten.
- Bei Inbetriebnahme der Maschine unbedingt zu mehreren diese auf den gewünschten Geschmack einstellen. Der Gastronom muss den Geschmack der Kunden kennen, der Techniker kennt ihn am wenigsten und stellt sie auf seinen eigenen ein.
- Nur beste Wassertechnik einsetzen – für die Qualität des Produktes und um die Maschine zu schonen.
- Die Reinigungs- und Servicezyklen exakt einhalten, am Besten in Pausen einfach zusätzlich das Reinigungsprogramm laufen lassen, da dieses nicht nur säubert, sondern auch die Maschine aufheizt.
- Man kann für diese Maschinen einen Full-Service-Vertrag nur empfehlen.

Die Milch, Qualität & Zubereitung

Die Kunst des Milchschäumens

Milchschaum, um echten Cappuccino herzustellen, bedarf einiger Übung. Wer es aber beherrscht und die optischen und geschmacklichen Ergebnisse erfährt, verzichtet gern auf den vielfach servierten groben, trockenen, grossporigen und steifen Milchschaum. Dieser Schaum erinnert immer ein bisschen an trockenen Badeschaum, er vermischt sich nicht mit der crema des Espresso, also erhält man nicht den gleichen Geschmack wie mit einem cremigen Schaum, der Milch und Espressogeschmack perfekt vereint.

- Maschine & Material
- Milchkriterien
- Milchschäumtechnik
- Milchschaum Konsistenz
- Milk-Art: Cappuccino, Marocchino, caffè latte, latte macchiato

Maschine & Material

Die Anforderungen an die Maschine, genauer gesagt an den Dampfteil der Maschine, setzen sich aus Dampfdruckleistung, Dampffeuchtigkeit, Gleichmässigkeit des Dampfaustritts, sowie den Austrittswinkel des Dampfes an der Schäumerspitze zusammen.
Um einen cremigen Milchschaum zu erreichen, muss die Kraft des Dampfes ausreichen, um die gesamte Milchmenge in der Kanne vollständig verwirbeln zu lassen. Mehr dazu bei *Milchschäumtechnik*.
Eine kleine Maschine mit schwachem Dampfboiler kann ca. 200 ml Milch cremig schäumen, wohingegen eine hohe Dampfleistung einer Profimaschine 500 ml und

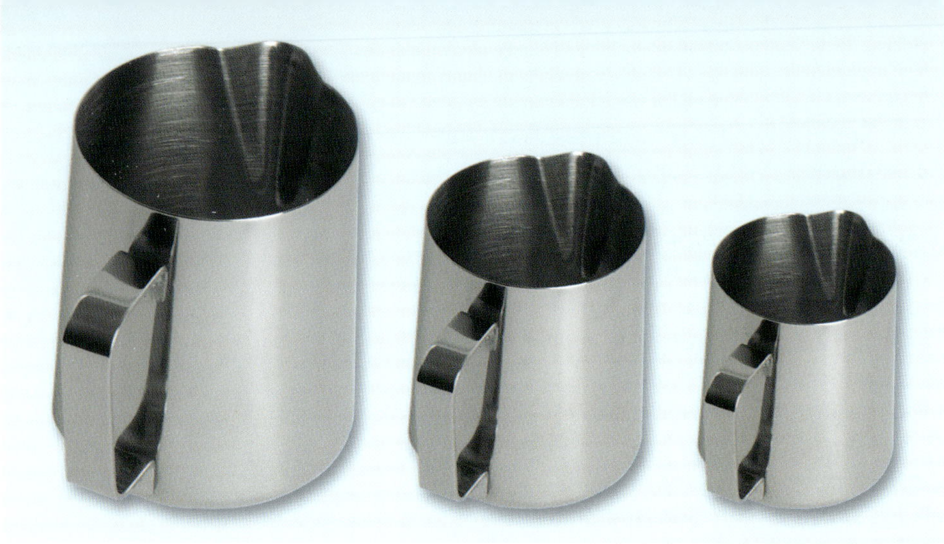

Die 1 Liter-, 0,6 l und 0,35 l Kannen

mehr schäumen kann. Also muss die Kannengrösse und dadurch die zu schäumende Milchmenge der Dampfleistung des Boilers angepasst werden. Der Dampf sollte nicht zu feucht und nicht zu trocken sein. Der Wasserstand im Boiler sollte etwas über halb voll sein. Dies gewährleistet die richtige Feuchtigkeit des Dampfes. Der Dampfaustritt sollte gleichmässig sein. Die Dampfdüse muss mindestens vier Löcher haben. Mit drei Löchern wird der Dampf nicht alle Bereiche der Milch schnell genug durchdringen können. Mehr als vier Löcher in der Spitze sind kein Problem. Der Austrittswinkel darf nicht horizontal, aber auch nicht vertikal sein. 45°-60° Austrittswinkel sind optimal, um die ganze Milchmenge während der „Rollphase" beim Milchschäumen in Bewegung zu halten.

Ein perfekter Cappuccino entsteht aus einem kräftigen Espresso mit wenig Wasser und einem cremigen Milchschaum, der Milch- und Espressogeschmack perfekt vereint.

Die meisten italienischen Maschinen haben geeignete Dampfdüsen, nun wurden auch neue „ Lanzen", also Dampfauslässe entwickelt, die das Aufschäumen z.B. durch eingebaute Messfühler erleichtern. Leider haben viele vollautomatische Kaffeemaschinen ungeeignete Dampfdüsen.

Die besten Kannengrössen, um cremigen Milchschaum herzustellen, sind die auf der Abbildung gezeigten 0,35 l, 0,6 l und 1,0 l Kannen. Mit der 1 Liter Kanne ist es einfacher zu üben, da die grössere Milchmenge etwas länger braucht, bis die richtige Endtemperatur erreicht ist und man etwas mehr Zeit hat, sich auf die Schäumtechnik zu konzentrieren. Für die Eingiesstechnik bei den milk-art Zeichnungen ermöglicht das geringere Gewicht der 0,6 l Kanne dem Anfänger bessere Kontrolle der sehr feinen Bewegungen mit dem Handgelenk. Also erst einmal mit der 1 Liter Kanne das Milchschäumen üben und dann mit der 0,6 Liter Kanne.

Erst wenn man die Milchschäumtechnik im Griff hat und immer die ideale cremige Konsistenz erreicht, sollte man mit der Eingiesstechnik der milk-art beginnen.

Für milk-art Zeichnungen gilt erfahrungsgemäss das Gegenteil: erst mit der 0,6 Liter Kanne üben, dann mit der 1 Liter Kanne.
Die kleinen 0,35 Liter Kannen sind schwer zu schäumen, da die Dampfkraft der Boiler leicht die Milch aus der Kanne schwappen lässt. Diese Kannen eignen sich nur für kleinere Maschinen. Man kann sie aber noch für einen anderen Zweck verwenden, der später erwähnt wird. Um milk-art auf dem Cappuccino oder caffè latte zu zeichnen, müssen die Kannen möglichst spitz zulaufende Ausgüsse haben. Mit einer Kanne ohne Ausguss sind milk-art Zeichnungen nicht möglich.

Milchkriterien

Um einen cremigen Milchschaum zu erhalten, ist die verwendete Milchsorte und deren Fettgehalt nicht von grosser Bedeutung, denn Milchschaum entsteht aus Eiweiß und nicht aus Fett.
Ob H-Milch, Vollfett-, Halbfett- oder entrahmte Milch ist für die Konsistenz des Schaumes ohne Bedeutung. Selbst Sojamilch lässt sich so schäumen. Natürlich unterscheiden sich die Milchsorten geschmacklich voneinander und man kann entscheiden, welche Milch man verwenden möchte, um den persönlich „besten" Geschmack des Cappuccino oder caffè lattes zu erhalten.
Hauptkriterium für das Schäumen ist die Temperatur der Milch von 4°-8° C und das die Füllmengen der Kannen die Hälfte nicht übersteigt, aber auch nicht unterschreitet. Das Maß für die optimale Füllhöhe ist der Ausguss. Man befüllt die Milch bis zum Anfang des Ausgusses im Inneren der Kanne, *siehe Abb.*.

Wichtig für das Aufschäumen ist die Temperatur und die Füllmenge, nicht der Fettgehalt der Milch.

Ist die Milch zu warm, hat sie die Endtemperatur beim Schäumen zu früh erreicht, man hat keine Zeit mehr, die Milch ausreichend in der Kanne drehen oder rollen zu lassen, was die cremige Konsistenz entstehen lässt.
Ist die Kanne zu voll mit Milch, wird sie bei der Rollphase aus der Kanne schwappen. Ist sie nicht ausreichend gefüllt, wird sie beim Rollen bis zum Kannenboden aufreissen, man wird immer wieder grobe Luftblasen in die Milch bekommen und nie die ideale cremige Konsistenz erreichen.
Schon einmal geschäumte Milch lässt sich erst dann wieder aufschäumen, wenn etwas frische nachgefüllt wurde und sie dadurch wieder kalt ist. Das wiederum ist eine Hygienefrage, da sich bei längerem Stehenlassen schnell Bakterien entwickeln können. Die beste Lösung ist die kleinstmögliche Menge für die angenommenen Bestellungen aufzunehmen, was übrig bleibt, sollte aus Hygienegründen entsorgt werden, wenn es nicht innerhalb der nächsten Minuten verwendet werden kann.

Milchschäumtechnik

Schäumtechnik teilt sich in zwei Phasen auf *(s. Grafik)*. Man sollte sich als Standard angewöhnen, vor und nach dem Schäumen folgendes zu tun:

- Den Dampf kurz öffnen, um Kondenswasser aus dem Dampfarm zu lassen.
- Nach dem Schäumen im Dampfarm befindliche Milch durch kurzes Öffnen herauslassen und den Dampfarm mit einem extra dafür vorgesehenen Tuch reinigen. Dieses Tuch mehrmals täglich wechseln.

Während der ersten Phase wird Luft mit Hilfe der Dampfdüse in die noch kalte Milch injiziert. Man taucht die Spitze der Dampdüse wenige Millimeter in die Milch ein und öffnet den Dampfhahn voll. Die Kraft des Dampfes reisst die Oberfläche der Milch auf und Luft wird in die Milch gedrückt. Dadurch wird das Volumen der Milch vergrössert, es entsteht der erste Schaum *(siehe Foto)*. Das dabei entstehende Zischgeräusch ist Indikator für die richtige Position der Dampfdüse. Verspritzt die Milch zu stark, ist die Düse zu weit aus der Milch, hört man dumpfes, lautes Rauschen, ist die Dampfdüse zu tief in die Milch eingetaucht. In diesem Fall muss die Kanne

Reinigung

Ziehphase

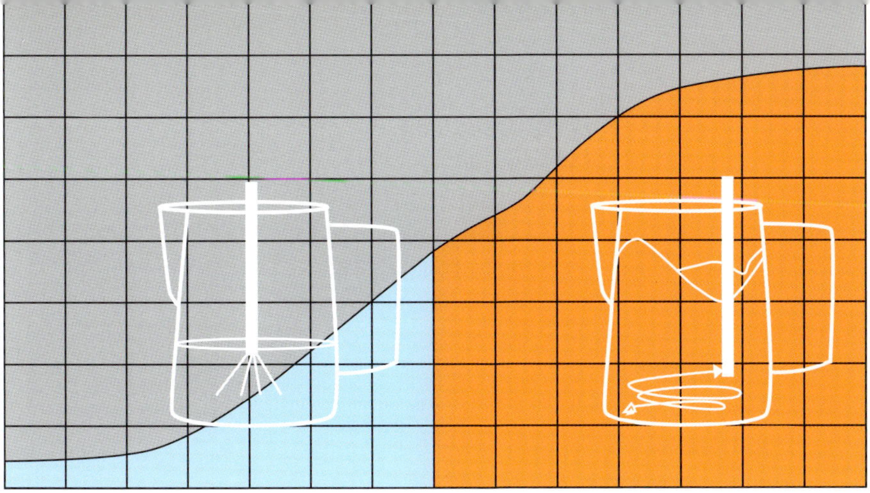

einige Milimeter heruntergezogen werden. Mit jedem weiteren Herunterziehen der Kanne vergrössert man die Schaummenge und das Volumen in der Kanne. Auf- und Abbewegungen sind nicht nötig, es ist nur die Abwärtsbewegung, die den Schaum entstehen lässt.

Der jetzt entstandene Schaum hat noch eine grobe Struktur, die Luftbläschen sind relativ gross. Man geht zur zweiten Phase über, wenn man die gewünschte Schaummenge erreicht hat.

Die Milch hat dann ca. 35°-40° C erreicht.

Nun bringt man die Kanne in eine Position, in der die Dampfdüse die gesamte Milchmenge zum Rollen oder verwirbeln bringt, ohne dass die Oberfläche noch einmal aufgerissen wird.

Das heisst, man hebt die Kanne nur so wenig an, dass die Oberfläche nicht mehr aufreisst und behält diese Position bis zum Schluss bei *(siehe Foto)*.

Das verteilt die groben Schaumblasen in mikrofeinste Bläschen, die mit dem Auge nicht mehr als Blasen zu erkennen sind. Optimal ist in dieser Position kein Geräusch mehr zu hören, die Milch wirbelt wie im Whirlpool. Zur Temperaturkontrolle hält man die rechte Hand fest gegen die Kanne.

Reisst die Oberfläche nur einmal während dieser Phase auf, lassen grosse Luftblasen den Schaum grobblasig und nicht mehr cremig werden. Rauscht die Milch laut, schlägt der Dampf nur gegen den Kannenboden oder den Rand, die Milch kann nicht richtig rollen, die groben Blasen werden nicht fein genug verteilt. Man kann nicht weniger als die Hälfte der Kanne befüllen, da sonst die zu kleine Milchmenge beim Rollen aufreissen würde, grobe Luftblasen würden injiziert.

Rollphase

Ein weiterer Grund, warum die Milch beim Rollen laut rauscht, ist, wenn die Dampfkraft des Boilers nicht ausreicht, die komplette Milchmenge rollen zu lassen.
Die Rollphase beendet man dann, wenn die Milchkanne von aussen so heiss ist, daß man die Kanne nicht mehr mit der rechten Hand berühren kann. Zur Kontrolle kann man am Anfang auch ein Thermometer benutzen. Die richtige Milchtemperatur sollte 62°-65°C betragen. Unter 62°C wird das Getränk ganz einfach zu kalt sein, über 65°C gerinnt das Milcheiweiss, der Schaum wird schnell zusammenfallen, das Getränk bekommt ausserdem einen leicht verbrannten Geschmack. Bei noch höheren Temperaturen verbrennt ausserdem der Milchzucker und man erreicht denselben Effekt wie beim angebrannten Pudding. Auf Dauer sollte man aber auf die Kontrolle mit einem Thermometer verzichten. Alle bekannten analogen Thermometer sind viel zu träge, um die augenblickliche Milchtemperatur anzuzeigen. Digitale Thermometer wären da die bessere Wahl, sie sind allerdings auch teurer.

Kontrollkriterien für richtig geschäumte Milch

- Die Temperatur beträgt 62°-65° C.
- Die Milch hat ihr Volumen vergrössert (von einer halb vollen Kanne bis zum Rand), also ist Schaum entstanden. Die erste Phase beim Schäumen wurde richtig durchgeführt.
- Es sind keine Luftbläschen in der ganzen Milchmenge zu sehen. Die Milch hat eine cremige Konsistenz und erinnert an leicht geschlagene Sahne. Die Rollphase wurde richtig durchgeführt *(siehe Foto)*.

Um wenige letzte Bläschen, die an der Oberfläche eventuell noch zu erkennen sind, platzen zu lassen, schlägt man die Kanne vorsichtig auf der Theke auf.
Um einen noch cremigeren Schaum zu erhalten, bewegt man die Milch einige Sekunden kräftig in der Kanne.
Damit sich der Schaum nicht von der flüssigen Milch trennt und oben absetzt, muss die Milch nun mit dem Espresso für Cappuccino, Macchiato oder caffè latte zusammengebracht werden. Also bis zum Eingiessen ständig in Bewegung halten, um eine homogene Creme zu behalten. Nur mit dieser Technik ist es möglich, milk-art Zeichnungen zu zaubern.

perfekt geschäumt!

Noch ein paar Tipps:
Sieht der Milchschaum in der Kanne zu fest für das Herz oder das Blatt aus, etwas Milchschaum in eine kleine Kanne zur Reserve giessen, bis die richtige Konsistenz in der Kanne erreicht ist. Für das zweite Getränk den Schaum zurückgiessen und wieder gut mit der anderen Milch durch Schwenken vermischen.
Herz und Blatt entstehen seitenverkehrt. Also den Tassengriff nach links drehen, damit das Design auch für Rechtshänder zu erkennen ist.

Milchschaumkonsistenz

Für Espresso macchiato, Cappuccino und caffè latte brauchen wir unterschiedliche Schaumanteile und Konsistenz.
Das lässt sich mit der Dauer der Ziehphase beim Schäumen bestimmen, oder mit der Reihenfolge des Einschüttens, wenn mehrere verschiedene Getränke mit der gerade geschäumten Milch zubereitet werden sollen.
Das Getränk, das den festesten Milchschaum braucht, ist der Espresso macchiato. Einen etwas weniger festen Schaum braucht der Cappuccino und für caffè latte braucht man den feinsten, etwas flüssigeren Schaum.

Schäumt man Milch nur für caffè latte, ist die Ziehphase kürzer, man lässt beim Schäumen weniger Schaum entstehen und dafür die Milch länger während der Rollphase rollen.

Da der festeste Schaum beim Ausgiessen bei dem ersten Getränk aus der Kanne kommt, ist die Reihenfolge der einzugiessenden Getränke bei einer gemischten Bestellung logisch nachvollziehbar.

Hat man zum Beispiel einen Espresso macchiato, einen Cappuccino und einen caffè latte mit einer 1 Literkanne zuzubereiten, giesst man zuerst den Espresso macchiato ein. Dann kommt der Cappuccino und zuletzt mit der geringsten Schaummenge, die noch in der Kanne verblieben ist, der caffè latte. Dieser braucht nur eine dünne Schaumschicht.

Hier nun ein kleiner Trick, wie man drei Cappuccino mit einer gleichhohen Schaummenge aus einer Kanne versehen kann:

Nach dem Schäumen giesst man den ersten festen Schaum aus der 1 Literkanne in die kleine 0,35 Literkanne ab und stellt ihn auf die Seite. Nun gießt man den ersten Cappuccino ein. Dann gibt man den Schaum aus der kleinen Kanne in die grosse zurück, vermengt das Ganze durch Schütteln wieder etwas und giesst dann die nächsten beiden Cappuccino auf.

Professionelles Aufschäumen, die Herstellung perfekter Kaffee-Milch-Getränke erfordern sehr viel Übung und höchste Genauigkeit.

Will man kontrollieren, ob alle drei die gleiche Schaummenge bekommen haben, kann man am Anfang beim Üben die drei so hergestellten Cappuccino in Gläser umschütten und die Schaummengen miteinander vergleichen. Auch die Farbe (also das Espresso-Milch-Milchschaum-Mengenverhältnis) kann man so gut kontrollieren und alle drei werden gleich intensiv nach Espresso schmecken.

Milk-Art – Zeichnungen im Milchschaum

Das Zeichnen von milk-art-Designs in der Espressocrema ist die hohe Schule der barista-Kunst.
Eigentlich nur ein optisch schöner Effekt, lenkt er die Aufmerksamkeit des Gastes voll auf das Getränk, begeistert ihn und lässt ihn das Espressogetränk bewusster geniessen. Der erste Schritt, Gourmet-Espresso voll zu würdigen und bewusster zu schmecken.
milk-art ist nur möglich mit dem cremigen Schaum, wie er unter *Milchschäumtechnik* beschrieben wird. Die sehr feinporige Konsistenz dieses Schaumes ermöglicht Espressocrema mit Milchschaum zu verbinden.

Herzform

Dieses Muster gelingt am Besten bei Cappuccino, für den man festeren Milchschaum braucht. Das Herz gelingt mit dieser Konsistenz am Schönsten.

Das Erzeugen der Herzform bedarf viel Übung und Liebe zum Produkt Espresso.
Man beginnt beim Eingiessen recht zügig, um erst einmal mit der Milch unter die Espressocrema zu kommen und verlangsamt die Bewegung wieder ein wenig.
Kurz bevor die Tasse gefüllt ist, erscheint ein weisser Fleck von Milchschaum in der Espressocrema. Fehlt dieser, muss man den Schaum durch Ankippen der Kanne und leichtem Schütteln des Handgelenks mit der Kanne forcieren.
Am Schluss genau in der Mitte des Flecks ruhig stehenbleiben und mit einer kurzen, schnellen Geradeausbewegung über den Tassenrand hinweg abschliessen, dann bleibt das Herz gleichmässig weiss.
Macht man mehrere Handgelenkbewegungen nach rechts und links, werden konzentrische Kreise um das Herz entstehen und mit viel Übung erhält man mehrere Herzen um ein kleines herum.

1

2

3

Eine Variante des Cappuccino ist der Marocchino

4

Auf den Espresso etwas Kakaopulver stäuben, dann erst die Milch eingiessen. Dies verstärkt den Kontrast zur Milch. *siehe oben*

Bäumchen oder Blattform

Für diese Form, die am Besten im caffè latte gelingt, braucht man einen feineren, flüssigeren Milchschaum, der auch besser zu diesem Getränk passt.
Man giesst zuerst gegen den hinteren Rand der Tasse (*siehe Fotos 5-9)* und beginnt mit breiten Schüttelbewegungen aus der Kanne, so entstehen grosse Blattrippen. Nun werden die Schüttelbewegungen immer schmaler und die Hand geht gleichzeitig nach hinten, bis man die Spitze des Blattes am vorderen Tassenrand erreicht hat. In der Spitze bleibt man stehen und führt den Milchschaum genau durch die Mitte des Blattes zurück über den Tassenrand hinaus. Das zeichnet die mittlere Blattader.
Es bedarf einiger Übung und unzähliger Liter Milch, aber nach einiger Zeit möchte man jedes Getränk mit einem solchen oder ähnlichen Muster verzieren.
Beim Eingiessen ist es für Anfänger einfacher, den Tassenrand als Führung der Kanne zu benutzen. Man kann dadurch die rechts-links Bewegungen mit dem Handgelenk besser kontrollieren. Nur den ersten Schuss, um unter die Espressocrema zu kommen, freihändig ausführen, sowie die letzte Bewegung über den Tassenrand hinaus.

Perfektion bedeutet, das richtige Verhältnis Espresso, Milch und Milchschaum mit einem schönen Design zu krönen.

5

6

7

8

9

Zucker – der vergessene Faktor

Zucker leitet sich aus dem altindischen Sanskrit Sakkhara ab. Schon vor 17000 Jahren in Melanesien bekannt, gelangte er nach Indien. Von dort über Alexander der Große nach Vorderasien, damit nach Europa. Zunächst zu medizinischen Zwecken als sal indicum verwendet, ersetzte der kostbare Stoff langsam den Honig.

Über alle Einflußkriterien auf den Geschmack von Kaffee wurde und wird umfangreich und tiefgehend berichtet, über den geschmacklich stärksten findet sich nichts. Es gibt unterschiedliche kulturelle und landestypische Gewohnheiten im Umgang mit diesem Stoff, über den der Konsument nichts weiß. Obwohl zahlreiche Zuckerarten wie z. B. Rübenzucker, Rohrzucker, Palmzucker, Honig, Fruchtzucker, Malzzucker, Milchzucker, Ahornsirup marktüblich sind, ist der Verbrauch von weißem Kristallrübenzucker in Deutschland – derzeit ca. 3 Millionen Tonnen jährlich – bei weitem der höchste! In nahezu alle Lebensmittel wird er zugefügt, vom Brot über Wurst und Pasteten, Suppen, Ketchup und Senf.
Damit nimmt der Deutsche mehr Zucker als Schweine- und Rindfleisch, als Butter und Käse zu sich!
Der Süden Europas süsst Kaffee und Espresso traditionell wesentlich stärker als der Norden. Sicher ein Grund für die unterschiedlichen Kaffeesorten und Röstungen. Unterschiedlichen Untersuchungen zufolge süssen zwischen 35 und 50 % ihren Kaffee, im Süden mehr als im Norden.
Um unseren Umgang mit dem uns so selbstverständlichen weißen Rübenzucker zu verstehen, ist ein Blick in die Geschichte notwendig. 1806 verhängte Napoleon die Kontinentalsperre über Europa und schnitt damit dem Import von Rohrzucker ab. Dies verhalf der soeben entwickelten Technik, aus einer Rübensorte Zucker zu gewinnen, zu rasantem Aufstieg. 1802 war in Schlesien

„Wozu braucht man Zucker?
Wird der Kaffee süß vom
Umrühren? Oder vom
Zucker? Vom Umrühren.
Aber wozu braucht man
denn Zucker? Damit man
weiß, wielange man umrühren muß.
Wird die Revolution süß
von den Reaktionären?"

Erich Fried

die erste zuckerrübenverarbeitende Fabrik der Welt eröffnet worden. Da die Begleitstoffe nicht so angenehm aussahen und schmeckten, wie bei Rohrzucker, wurde er in einem aufwendigen Verfahren als weißer Kristallzucker raffiniert.
Zweihundert Jahre später wissen wir mehr über die gesundheitlichen Folgen dieser Zuckerform und beginnen etwas bewusster damit umzugehen. Aus gesundheitlicher Sicht sind also unraffinierte Rohrzucker weißem Rübenzucker vorzuziehen: Sie enthalten noch die zur Verdauung notwendigen Begleitstoffe, Mineralien und Vitamine, Stoffe, die weißem Kristallzucker vollständig entzogen wurden.
Diese Zucker fördern, wie wir heute wissen, sowohl Kariesbildung, Übergewicht sowie Diabetes Mellitus und andere Zivilisationskrankheiten.
Natürlich hat die sehr mächtige, hochsubventionierte heimische Zuckerindustrie kein Interesse an Untersuchungen, gar Publikationen über diese bedrohlichen gesundheitlichen Folgen.
Glücklicherweise ist unraffinierter Rohrzucker auch geschmacklich überlegen, ob als „golden granulated“, „demerara“, „muscovado light“, oder „molasses“ – also von hellen, rieselfähigen, über hellbraune, leicht klebrige bis zum schwarzbraunen Molassezucker sind eine ganze Reihe von Aufbereitungen handelsüblich. Diese unterscheiden sich im Geschmack von nahezu neutral süß, leicht buttrig, honigartig, über leichten Karamellton bis zu rauchigen Lakritztönen. Gerade die Muscovadozucker unterstützen das Kaffeearoma ideal. Ob in der Tasse Brühkaffee oder im Espresso. Sie süssen bei gleicher Menge etwas schwächer und sind nicht so sauer.
Ein perfekt zubereiteter Kaffee oder Espresso braucht keinen Zucker, aber dieser kann abrunden. Zucker im Kaffee und Espresso kann auch Fehler „übertünchen“ – besonders zuviele und harte Säuren oder / und Bitterstoffe.
Wir empfehlen, auch beim Genuß von Kaffee Zucker sehr dosiert einzusetzen.

golden granulated

Chemisch besteht Zucker aus sechs Kohlenstoff-, zwölf Wassserstoff- und sechs Sauerstoffatomen. Zucker ist ein Genussmittel, kein Nahrungsmittel.

demerara

muscovado light

molasses

Kaffee Kultur

Italien

Wohl die weltweit bekannteste, beliebteste und eigenständigste Kaffeekultur. Dank des Espresso. Und dank des Barista, der seine Berufung mit Professionalität und Einsatz seiner Persönlichkeit versieht. Es muss einen Grund geben, dass der Barista, ein ehrenwerter Lehrberuf, schon immer grossen Wert auf die Grundqualitäten – frisch gemahlener Kaffee, gutes, frisches Wasser, Maschine, Sauberkeit und Sorgfalt – gelegt hat. Die strikte Einhaltung derselben ist das Credo der Qualität, Eleganz und Perfektion – somit wesentlichster Bestandteil aller Rezepturen. Der Tag beginnt für den Italiener mit:

- **Caffè (Espresso)**
  Die Brühgruppe muss heiss sein, also ggf. laufen lassen. Frisches, fein gemahlenes (6 - 8 g) Espressomehl im Siebträger gleichmässig verteilen, festdrücken. Die Wassertemperatur sollte mindestens 91°, maximal 98° betragen. Der Druck ca. 8,5 bis 9 bar. Ein Espresso braucht Zeit: ca. 25 ml, 25-30 Sekunden, für eine kleine kleine Tasse, der Auslauf soll in einem gleichmässigen, dünnen Strahl erfolgen: „wie ein Mauseschwänzchen" sagt der Italiener.

- **Ristretto**
  Espresso, mit der Hälfte des Wassers, also ca. 1 cl, bei 8,5 - 9 bar, 25-30 Sekunden zubereitet. Maschine und eine kleine Tasse müssen heiss sein.

- **Lungo (Langer)**
  Ein Espresso, mit etwas mehr (bis 40ml) Wasser verlängert.

- **Doppio (Doppelter)**
  Zwei Espressi, auf einmal gebrüht, mittelgrosse Tasse (150-180ml).

- **Cappuccino (Kapuziner)**
  Ein Espresso, aufgefüllt mit Milch und Milchschaum (traditionell ohne Kakaopulver) in einer 150-180ml Tasse serviert.
  Auf Wunsch auch mit einem Doppio serviert.

- **Marocchino**
  Ein Espresso, erst mit Kakaopulver bestreut und mit Milch und Milchschaum aufgefüllt in einer 150-180ml Tasse serviert.

- **Caffè macchiato**
  Ein Espresso, mit einem Schuss geschäumter Milch

- **Latte macchiato (Gefleckte Milch)**
  Ein Glas heiße Milch, etwas Milchschaum, mit einem Espresso gefleckt. Ist die Milch etwas kälter als der eingefüllte Espresso, trennen sich die spezifischen Gewichte der flüssigen Milch, des Schaumes und des Espresso. Der Espresso

bleibt auf der Milch liegen, bildet mit dem
Schaum ein dreistöckiges Getränk

- **Caffè latte**
  Ein Espresso, in einer Milchkaffeetasse
  oder in einem 0,2-0,3 l Glas mit heisser Milch auffüllen, wenig Schaum.

Österreich

Ein Land mit einer nicht nur alten, sondern auch gepflegten Kaffeekultur und damit natürlich einer Reihe von klassischen Standards. Zur Vereinfachung wird hier auf die zahlreichen landesspezifischen Verfeinerungen verzichtet. Im Vergleich zur deutschen ist die österreichische Röstung etwas dunkler, damit aromatischer und etwas weniger sauer.

- **Kleiner Schwarzer – Mokka – Piccolo**
  Ein relativ starker, ca. 8 Gramm pro Tasse, Kaffee – als Aufguss, Brühkaffee, mit der Espressomaschine oder sogar auf türkische Art zubereitet.

- **Großer Schwarzer – Grosser Mokka**
  Man nehme 14 Gramm pro Tasse.

- **Konsul**
  Großer Schwarzer mit einem Schuss frischer Sahne.

- **Der Braune**
  Der kleine und große Braune sind die Klassiker des Wiener Kaffeehauses.
  Eine Tasse Kaffee, im Kännchen serviert, mit ca. 60% Sahne gemischte Milch.

- **Kaffee verkehrt**
  Verkehrt ist hier die Mischung – mehr Milch/Sahne als Kaffee.

- **Melange**
  Entspricht dem Milchkaffee, aber am besten mit 60% Sahne,
  40% Frischmilch und aufgeschäumt.

- **Kapuziner**
  Starker Kaffee mit einer Haube von Schlagsahne,
  Kakaopulver.

- **Cappuccino**
  Großer Schwarzer mit Milchschaum, Kakaopulver.

- **Verlängerter**
  Kleiner Schwarzer, zum „verlängern"
  mit einem Kännchen heißem Wasser serviert.

- **Wiener Einspänner**
  Kleiner Schwarzer im Einspännerglas, Sahnehaube und Puderzucker.

- **Fiaker**
  Grosser Schwarzer, im Wasserglas, evtl. mit Rum.

- **Einspänner**
  Doppelter Espresso, mit dicker Schlagsahnehaube und Schokoladen-raspeln, im Glas serviert.

Schweiz

Ein Land, von Bergen umgeben und damit eine eigene Kaffeekultur. Die Röstungen sind auf die marktbeherrschenden Kolbenautomaten ausgelegt. Für alle Zubereitungen wird eine Röstung verwendet.

- **Espresso**
  40 ml, bei gröberem Mahlgrad, etwas unterextrahiert.

- **Café natur**
  Tasse frisch gemahlen, einzeln gebrühter Kolbenkaffee.

- **Café crème**
  Tasse Kaffee mit Töpfchen Kaffeesahne.

- **Café Doppelcrème**
  Café crème mit mehr Kaffeesahne.

- **Cappucchino**
  Kräftiger Kolbenkaffee mit Milchschaum.

- **Schale hell**
  Kräftiger Kolbenkaffee mit viel heißer Milch.

- **Schale dunkel**
  Kräftiger Kolbenkaffee mit wenig heißer Milch.

Frankreich

Wohl das einzige Land in Europa, in dem noch erhebliche Mengen von Kaffeeersatz konsumiert werden, vorwiegend Zichorie und Getreide. In ihrem Frühstücksgetränk:

- **Café au lait**
  Zu gleichen Teilen fein gemahlener Filterkaffee, meist mit etwas Zichorie und heisser Milch, ohne Schaum. Serviert in einer grossen henkellosen Schale, der „bol“.

Café Crème
Espresso mit derselben Menge heisser Milch.

Café serré
Entspricht in etwa dem Espresso.

Noisette
Schwarzer Kaffee, manchmal Espresso, mit einem Spritzer Milch.

Portugal

Ein Land, das durch seine Kolonien seit Jahrhunderten über gute Kaffeequalitäten verfügte und entsprechend die Zubereitung pflegt.

Bica
Entspricht dem doppelten Espresso.

Carioca
Doppelter Espresso, mit etwas mehr Wasser.

Garoto
Entspricht etwa dem „grossen Braunen", aber mit Milch.

Meia de leite
Doppelter Espresso, in einer grossen Tasse, mit Milch.

Galao
Longdrinkglas, halb mit starkem Kaffee, halb mit Milch.

USA

Die Amerikaner haben erst durch die Coffee-Shop-Welle neue Zubereitungen entdeckt. Sie lieben es gross, süss und im Becher und glauben Europa jetzt Kaffeekultur beibringen zu können.

Caffè mocha
Ein Espresso im 0,2-0,3 l Glas mit Schokoladensauce oder Kakaopulver vermischt und heisser Milch aufgefüllt.
Auf Wunsch mit Schlagsahne und Schokostreusel serviert.

Flavoured mocha
Ein Espresso im 0,2-0,3 l Glas mit beliebigem Aromasirup, z.B. Vanille, Haselnuss, Irishcream, Karamel etc. (max.20ml) vermischt und mit heisser Milch aufgefüllt. Auf Wunsch mit Schlagsahne servieren.

Espresso – Die praktische Zubereitung

A Umwelteinflüsse

B Maschinenkriterien

C Menschliche Faktoren

6.

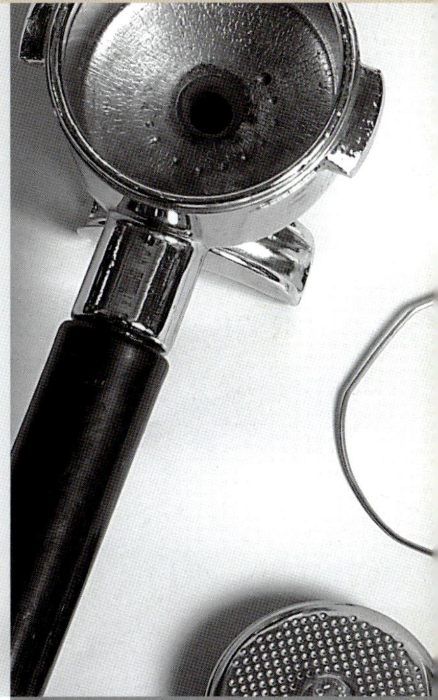

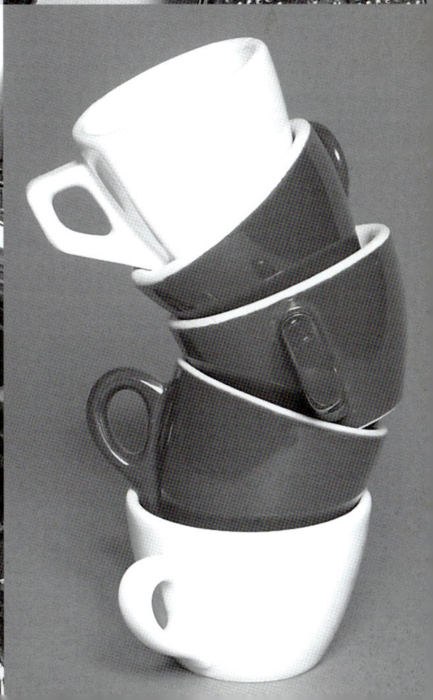

Espresso ist eine

- Lösung aus Säuren, Koffein, Zucker & Proteinen
- Emulsion aus Ölen & Kolloiden
- Suspension aus winzigen Teilchen von Kaffeezellen & Gasbläschen

Um die Zubereitung von Espresso so verständlich wie möglich zu machen, kann man in folgende Kapitel einteilen:

A Umwelteinflüsse
- Umgebungswärme
- Luftfeuchtigkeit

B Maschinenkriterien
- Wasserdosierung und Konstanz
- Brühtemperatur und deren Kontrolle
- Brühdruck

C Der barista - der menschliche Faktor
- Ode an den barista
- Kaffeedosierung
- Verteilung des Kaffees und Anpressung
- Zusammenfassung Arbeitsabläufe
- Mühle und Mahlgradkontrolle
- Reinigung der Espressomaschine

A Umwelteinflüsse

Um alle zu extrahierenden Aromen in die Tasse zu bekommen, muss beachtet werden, dass Kaffee, wenn er aus der geschlossenen, luftdichten Verpackung der Atmosphäre ausgesetzt wird, einige Veränderungen durchmacht.

Umgebungswärme

Röstkaffee ist ausserordentlich empfindlich gegen Wärme. Das bedeutet, man sollte gerade den Bedarf der nächsten 2 bis 3 Stunden öffnen.
Daraus ergeben sich die Anforderungskriterien an eine professionelle Kaffeemühle: Während der Lagerung im Bohnenbehälter darf der Kaffee so wenig wie möglich abstrahlende Wärme von Seiten des laufenden Mühlenmotors aufnehmen.
Besonders wenig Bohnen sollte man also bei vollautomatischen Espressomaschinen, deren Mühlen in der Nähe der Boiler platziert sind, einfüllen, um eine möglichst schnelle Rotation zu erreichen.

Je kühler die Bohnen in der Mühle lagern, desto länger bleibt der Kaffee frisch.
Da Aromen sehr flüchtig sind, ist der nächste wichtigte Qualitätseinflussfaktor die Zeit, die der Kaffee gemahlen auf seine Zubereitung warten muss: mit jeder Minute, die verstreicht, bis gemahlener Kaffee verbraucht, also extrahiert wird, verlieren wir Aromen.
Gerade frisch gemahlener Kaffee duftet angenehm.
Aber alle Aromen, die wir riechen, verfliegen in der Luft und landen also nicht mehr in der Tasse.
Man sollte möglichst immer genau die Menge mahlen, die sogleich zubereitet werden soll.
Beim Mahlvorgang werden die Bohnen in winzige Partikel zerschnitten und gebrochen. Aromen strömen aus, Kaffeefette, -öle und -wachse treten aus und oxidieren mit Sauerstoff. Nach relativ kurzer Zeit bildet sich ein ranziger und bitterer Geschmack.

klassische Espressomühle
ca. 1970

Luftfeuchtigkeit

Weiterhin nimmt frischgemahlener Kaffee schnell Luftfeuchtigkeit auf und gibt Feuchtigkeit an trockene Umgebungsluft ab, denn Kaffee ist hygroskopisch.
Nun zurück zum frisch gemahlenen Kaffeepulver. Nimmt Kaffee aus seiner Umgebung Feuchtigkeit auf, wird er die Extraktion verlangsamen. Ist seine Umgebung trockener, kann das Wasser schneller durch das Pulver fliessen. Die Extraktion wird beschleunigt. In der Konsequenz bedeutet das: Der Mahlgrad sollte also – vorausgetzt alle anderen Faktoren werden konstant gehalten – ständig kontrolliert werden. Bei extremen Luftfeuchtigkeitsveränderungen muss mehrmals am Tag nachjustiert werden. Als einfache Kontrolle dient eine Stoppuhr. Läuft der Espresso schneller als 25 Sekunden, muss die Mühle feiner eingestellt werden. Läuft der Espresso länger als 30 Sekunden, muss die Mahlung gröber eingestellt werden, denn er wird sonst bitter und der Körper (Geschmacksfülle) nimmt ab.
Ein geübter Barista hat diese Vorgänge im Gefühl.

Maschinenkriterien

Die folgenden Einflusskriterien sind für einen Barista entscheidend,

da viele Faktoren sich technisch nicht standardisieren lassen – Kaffee ist eben ein Naturprodukt.
Die ideale Brühzeit für einen Espresso beträgt 25-30 Sekunden. Exakt der Zeitraum, den das Kaffeepulver mit heißem Wasser in Kontakt bleiben soll, um genau die Fraktion aller gewünschten Aromen im vollen Umfang zu extrahieren.
Bei zu langer Kontaktzeit lösen sich auch aus der besten Bohne zu viele Bitterstoffe.
Bei zu kurzer Kontaktzeit werden mehr Säuren als Aromen gelöst, dem Espresso fehlen Fülle und Komplexität, er schmeckt dünn, langweilig.
Die Kontaktzeit mit dem Wasser wird durch folgende Einflussfaktoren bestimmt:

- Die Menge des Kaffeepulvers im Brühsieb (je mehr desto länger braucht das Wasser durch das Kaffeemehl zu diffundieren und dabei Inhaltstoffe zu lösen, siehe Kapitel *C Kaffeedosierung*
- Die Wasserdosierung, je mehr Wasser desto länger dauert die Extraktion siehe Kapitel *B Wasserdosierung und Konstanz*
- Der Anpressdruck, je fester das Pulver zusammengepresst wird, desto mehr Widerstand bietet es dem Wasser, die Extraktion braucht länger siehe Kapitel *C Anpressung*

Nur das Zusammenspiel aller Einzelfaktoren garantiert einen perfekten Espresso

Mahlgradeinstellung

Wasserdosierung und Konstanz

Die Wasserdosierung spielt bei der Zubereitung von Espresso eine grosse Rolle. Auch hier gibt es Richtwerte. Vorab noch eine Bemerkung zum besseren Verständnis: Kleine Espressosiebe brühen einen einfachen, Doppelsiebe einen doppelten Espresso oder zwei Espressi. Einzel- und Doppelsiebe sind allerdings auch in unterschiedlichen Füllmengen erhältlich, mehr dazu im Kapitel *Kaffeedosierung*.

Die Kaffeepulverfüllmenge reicht aus, um die erwünschten Geschmacksstoffe eines Espresso in ca. 25 Sekunden in einer Wassermenge von 20-30ml zu lösen.

Der etwas längere Espresso (Lungo) kann bis 40ml gefüllt werden; dieser schmeckt weniger intensiv, aber auch leicht bitterer als Espresso und Ristretto.

Bei dem im Süden Italiens sehr beliebten Ristretto wird in der selben Extraktionszeit mit einer feineren Mahlung als beim Espresso, auf 10-15ml konzentriert. Dieses Getränk ist natürlich das intensivste und von der Aromenintensität das Beeindruckenste. Allerdings werden auch Fehler, die bei der Ernte und Verarbeitung des Rohkaffees, wie Sortierfehler, Röstfehler, Fehler bei der Zubereitung (Dosierung, Anpressdruck, Brühtemperatur, Mahlgrad, Reinigung etc.) am auffälligsten. Gerade ein guter Ristretto beweist die Qualität des Kaffees und das Können des Barista.

Eine Methode, um die Wassermenge zu bestimmen ist folgende:

Wenn der rotbraun auslaufende Espresso beginnt heller, oder sogar weisslich zu werden, wird die Brühung manuell beendet. Viele Bariste bevorzugen diese Methode, um bei jedem zubereiteten Espresso individuell zu entscheiden, wann die maximal mögliche Wassermenge erreicht ist.

Daher sind auch noch viele Maschinen ohne automatische Wasserdosierung in Betrieb.

Einer der Gründe ist die unterschiedliche Ergiebigkeit von Kaffee.

Je älter die Röstung, je länger vorgemahlen wurde, desto früher beginnen die Anzeichen (helle crema) der Überextraktion. Sobald helle crema ausläuft wird der Espresso wässrig und bitter, beinflußt den Geschmack also negativ.

Wenn der Kaffee ungleichmässig im Brühsieb verteilt wurde oder der Anpressdruck zu gering war, sucht sich

Die Italiener trinken täglich in mehr als 130 000 Caffé-Bars mehr als 28 Millionen Tassen Espresso und Cappuccino. Dazu verbrauchen sie 55 Mio. Kg Kaffee. Die meisten Caffé-Bars gibt es im Nordwesten, nämlich im Piemont, Lombardei, Ligureien und Aostatal. 60 % werden als Espresso getrunken, 13.5 % als Cappuccino, 12,3 % als caffé corretto, 10 % latte macchiato, 4.5 % koffeinfrei.

helle crema

das Wasser den Weg des geringsten Widerstandes und extrahiert Bereiche zu stark und manche Bereiche im sogenannten Kaffeekuchen werden gar nicht extrahiert. Ergebnis ist eine sehr früh beginnende Hellfärbung der auslaufenden Crema.

Die meisten Maschinen – gerade ausserhalb Italiens – haben programmierbare Tasten, die individuell auf die benötigten Wassermengen eingestellt werden können. Man sollte folgendermassen programmieren:

Die erste (kleines Tassenpiktogramm) wird auf ca. 15ml für einen Ristretto eingestellt.

Die grosse Einzeltasse auf 25ml für einen normalen Espresso, sowie die Doppeltasten für die doppelte Menge von Ristretto und Espresso.

Ein Siebträger mit Doppelsieb und -auslauf für zwei Espressi oder einen Doppio verteilt manchmal den Espresso nicht gleichmässig auf beide Tassen.

Hierfür kommen folgende Ursachen in Frage:

- Die Maschine steht nicht exakt in Waage auf der Theke.
- Das Espressopulver wurde ungleichmässig im Brühsieb verteilt; das Wasser läuft nicht gleichmässig durch das Brühsieb und tendiert mehr nach rechts oder links.
- Einige Löcher der Dusche oder des Espressosiebes sind verstopft.
- Der Siebträger wird nicht immer in der gleichen Position montiert. Montiert man den Siebträger mal mehr, mal weniger kräftig in die Gruppe, verteilen sich die Espressi unterschiedlich.

Einige Siebträgerausläufe haben eine Verstellschraube, mit der man den Espressofluss je nach Drehung mit einem kleinen Schraubenzieher mehr nach rechts oder links leiten kann.

perfekter Espresso (1)

Brühtemperatur und deren Kontrolle

Italienische Espressomaschinen sind konzipiert für die Ausgabe kleiner Wassermengen, da in Italien keine grossen Tassen Kaffee getrunken werden.
Die für die Extraktion so wichtige Temperaturstabilität ist nur bei diesen kleinen (10-40ml) Wassermengen gewährleistet.
Espressoaromen werden bei einer konstanten Brühtemperatur am besten aus dem Kaffee gelöst.
Optisch lässt sich dies an einer rotbraunen, haselnussfarbenen Crema erkennen. Die Crema ist leicht marmoriert, auch als Tigerzeichnung bekannt *(siehe Foto 1)*.
In Deutschland und der Schweiz werden die kleinen

Die optimale Brühtemperatur für Espresso bewegt sich – je nach Kaffee – zwischen 92 und bis zu 98° C.

Tassenknöpfe meist für Espresso und die grossen für eine grosse Tasse Kaffee verwendet. Das hat aber folgenden Effekt: Werden grössere Mengen für eine Tasse Kaffee (ab 80-200ml) aus dem Wärmetauscher dieser Maschinen bezogen, fällt die Temperatur sehr schnell zusammen.
Fast alle italienischen Maschinentypen heizen das Kaffeewasser frisch auf dem Weg durch den Dampfboiler (Wärmetauscherprinzip) auf. Läuft viel Wasser auf einmal durch den Wärmetauscher oder ist die Mahlung so grob eingestellt, dass das Wasser zu schnell durch den Wärmetauscher läuft, hat die Maschine zu wenig Zeit, die Wassertemperatur konstant zu halten. Das Ergebnis

sind zu kalt gebrühte Kaffees und Espressi. Diese tendieren dazu, sauer und wenig aromatisch zu schmecken.
Maschinen mit getrennten Boilersystemen haben den Vorteil, dass das Brühwasser in größeren Mengen bei exakter Temperatur bereitgehalten wird.
Maschinen mit Wärmetauschern neigen zu folgendem Phänomen:
Steht die Maschine für eine gewisse Zeit, ohne Espresso zu brühen, befindet sich das Wasser für den nächsten Espresso im Bereich des Dampf- und Teewasserboilers. Dieser ist ca. 125-130°C heiss, also wird das Espressowasser beim Austreten sieden, unerwünschte Bitterstoffe werden gelöst, die Crema löst sich fast augenblicklich auf und rings um den Tassenrand bildet sich ein schwarzer Ring in der Crema (*siehe Foto 2)*.
Bei Maschinen mit getrennten Boilersystemen wird das Kaffeewasser im Boiler zwar nicht kochen, aber der Gruppenkopf verliert durch die Raumtemperatur an Hitze. Stehen diese Maschinen über längere Zeit, werden die ersten Espressi zu kalt gebrüht.
Ergebnis sind saure Espressi, denen die Aromen fehlen.
Als optisches Anzeichen ist die Crema hell (*siehe Foto 3)*.

Um eine möglichst hohe Temperaturkonstanz (je konstanter desto besser) zu erreichen, kann man sich mit folgendem Trick bei beiden Heizsystemen helfen:

- Die Siebträger müssen immer in der Maschine an den Gruppenköpfen montiert sein. So werden die Siebträger warm gehalten und das Brühwasser kann nicht durch kalte Siebträger abgekühlt werden.
- Alter Kaffeesatz im Brühsieb speichert besser Wärme als Luft in einem leeren Brühsieb. Deshalb sollte der Kaffeesatz bis zur nächsten Bestellung dort verbleiben .

überextrahiert, wegen zu heisser Extraktion (2)

unterextrahiert, wegen zu kalter Extraktion (3)

Siebträger bleibt eingespannt

falsch

falsch

- Um zu heisses Brühwasser bei Maschinen mit Wärmetauschern zu vermeiden, kann man folgendes tun: hat die Maschine über eine Zeit von 5 Minuten keinen Espresso mehr gebrüht, das erste Wasser aus der Dusche laufen lassen. Das zu heisse Wasser im Wärmetauscher wird herausgespült. Ausserdem hängen alte, verbrannte Kaffeepartikel an der Dusche, die dem nächsten Espresso einen bitteren Beigeschmack geben. Wenn man eine Kaffeetasse unter die Dusche hält und dieses Spülwasser hineinlaufen lässt, sieht man, was gemeint ist; das Wasser ist trübe und riecht regelrecht verbrannt.

Bei Maschinen mit getrenntem Boilersystem ist der Gruppenkopf selber etwas kälter als das Brühwasser. Durch die Spülung wird dieser aufgeheizt.

- Zusätzlich kann man den Siebträger mit dem Sieb unter dem Teewasserauslauf noch einmal etwas mehr Hitze geben.
- Vor dem Wiedermontieren des Siebträgers in der Gruppe wieder etwas Wasser aus der Dusche laufen lassen, um die Konstanz der Temperatur zu erhöhen.

Voraussetzung bleibt eine feine Mahlung, damit der Espresso nicht zu schnell läuft.

Auf eine Espressobestellung in einer Bar, in der die Siebträger neben oder auf der Maschine liegen, sollte man verzichten.

Siebträger am besten mit verbrauchtem Kaffeemehl immer eingespannt lassen, um die Temperatur zu speichern

Brühdruck

Der Brühdruck ermöglicht es, dass ein so aromatisches Getränk wie Espresso überhaupt hergestellt werden kann.
Vergleicht man Espresso z.B. mit Filterkaffee, ist der Unterschied in der Herstellung vor allem der fehlende Druck bei der Filterkaffeeherstellung (abgesehen vom geringen Druck des Gewichts des Brühwassers).
Die aromatragenden Öle sind im Filterkaffee nur wenig gelöst und schwimmen gut erkennbar oben auf dem Getränk (ähnlich wie die Fettaugen auf einer Kraftbrühe).
Die Energie des Brühdruckes bei der Espressomethode, in Kombination mit der Energie des Brühwassers, bringen die Aromaöle in grösserer Menge in die Tasse und emulgieren diese sogar. Diese feinst im Wasser verteilten Öltröpfchen machen das Getränk geschmacklich fülliger, samtiger und die winzigen Öltröpfchen füllen die Geschmackspartikel der Zunge aus und begründen so den langanhaltenden Nachgeschmack von Espresso. Überflüssig zu sagen, dass die grössere Menge an Ölen auch eine grössere Menge Aromen in die Tasse transportieren als bei anderen Brühmethoden.
Sobald das Wasser sich durch den Kaffeekuchen im Brühsieb gedrückt hat und aus den Löchern als Espresso austritt, fällt der hohe Druck ab und es bildet sich die crema oder mousse auf dem Espresso.
Diese winzigen Gasbläschen strömen im Getränk nach oben und schliessen sich im Espresso zusammen und verbleiben auf der Oberfläche des Espresso. Sie halten die Aromen für einige Minuten zurück.
Qualitätskriterien für die crema ist die Menge und Konsistenz sowie die Beständigkeit der crema;
Die Farbe der crema ist ausserdem ein Anzeichen für den Mahlgrad und die Extraktionszeit sowie die Brühtemperatur.
Die Menge der crema sollte minimum 10% des Getränkes betragen und sich cremig zwischen den Fingern anfühlen.
Für eine Zeit von mindestens drei Minuten sollte noch kein Loch vom darunterliegenden Getränk zu sehen sein.
Die Menge der entstandenen crema hängt sehr vom Frischezustand des verwendeten Kaffees ab. Je älter die Röstung, je mehr Aromen durch Vormahlung verflogen

Erst die Erhöhung des Druckes auf 8,5-9 bar ermöglicht die Lösung der gewünschten Fraktionen an Ölen und Aromastoffen für Espresso.

sind und je länger der Kaffee offen gelagert wird, desto weniger cremabildung (unabhängig von Arabica oder Robusta) wird bei der Extraktion entstehen.
Die Konsistenz der crema hängt sehr stark vom Mahlgrad ab. Wenn die Mahlung zu grob ist, wird die crema eine eher schaumige Konsistenz haben.
Auch ein höherer Robusta-Anteil in der Mischung lässt die crema eine festere Konsistenz erlangen.
Die Dauer der crema ist wie im Kapitel Arabica-Robusta abhängig vom Robusta-Anteil in der Mischung. Durch den geringeren Ölanteil im Robusta hält die crema länger als bei reinen Arabicamischungen. Doch auch hier ist noch einmal eine zu grobe Mahlung zu verhindern. Bei groben Mahlungen entsteht viel heller Schaum, der aber schnell wieder zusammenfällt (*siehe Foto*).
Wichtig ist, mit Ausnahme der Pre-Infusion (auch Vorbrühzyklus genannt), dass der Brühdruck während der

Die Idee der Pre-Infusion besteht darin, das frisch gemahlene Kaffeemehl mittels eines kurzen Dampfstosses aufquellen zu lassen und damit die Extraktion zu verbessern.

ganzen Extraktionszeit so konstant wie möglich ist. Ein Brühdruck von 8 - 8,5 bar ist völlig ausreichend, um eine gute und gleichmässige Extraktion zu erreichen.
Druckpumpen arbeiten relativ genau, vorausgesetzt, dass der Druck, den sie vom Wasseranschluss bekommen, derselbe ist. Dieser wechselt aber regelmässig, da sobald ein anderer Wasserhahn oder die Spülmaschine Wasser zieht, der Druck auf den Leitungen abfällt, also auch unser Brühdruck.
Lösen kann man dieses Problem mit einem sogennanten Druckminderer, der den Wasserleitungsdruck vor der Pumpe konstant hält.
So kann die Pumpe konstant Druck auf das Brühwasser bringen.
Wird der Espresso mit zu hohem Druck gebrüht, schlägt das Wasser auf den Kaffeekuchen, drückt die Staubpartikel der Mahlung in die unteren Bereiche und verstopft so die Sieblöcher des Brühsiebes. Von einer gleichmässigen Extraktion kann dann nicht mehr die Rede sein.
Der Brühdruck kann ganz leicht an der Einstellschraube der Druckpumpe verändert werden. Dreht man die Schraube ein, erhöht sich der Druck, löst man die

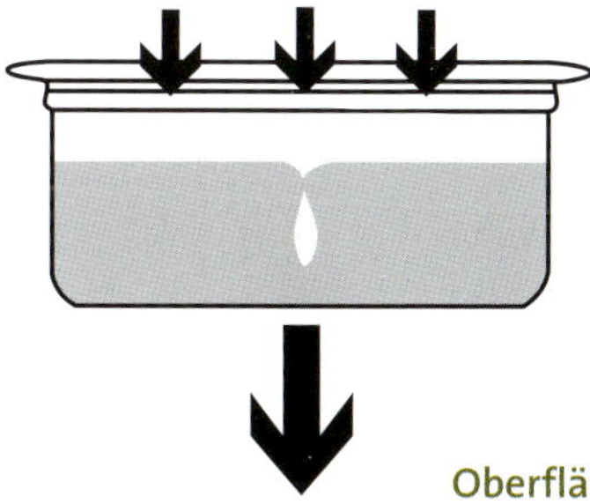

Oberfläche aufgerissen,
ergibt weniger Extrakt

Schraube, sinkt der Brühdruck. (Diese Abänderungen sollten allerdings nur von einem dafür ausgebildeten Servicetechniker durchgeführt werden).
Die Pre-Infusion dient dem Zweck, bevor die Pumpe mit hohem Druck das Wasser auf den Kaffeekuchen drückt, den Kuchen erst einmal zu befeuchten und quellen zu lassen. Dieses ermöglicht eine gleichmässigere und intensivere Extraktion.
Achtung: bei schnell gerösteten und hellen Röstungen kommen die ohnehin schon hohen Säureanteile bei diesen Kaffees bei einer Brühung mit Pre-Infusion noch intensiver in die Tasse.

In Italien arbeiten mehr als 270 000 Bariste. 57.7 % haben mehr als 10 Jahre Berufserfahrung. Zahl und Altersstruktur sind daher mit dem deutschsprachigen und skandinavischen Raum nicht zu vergleichen.

C Der barista – Der menschliche Faktor

Ode an den unbekannten barista

In meiner kleinen Oase im zielgerichteten Tageslauf empfängt er mit kurzem ernstem Nicken – erkennen ja, direkt persönlich – nein.
Es ist früh. Geschäftig klappern Löffel, heißer Dampf zischt und faucht in die gurgelnde Milch. Die Mühle mischt sich laut ein. Der Blick schweift über unbekannte Flaschen Amari und Grappe. Beruhigend die Routine der auf Optimum reduzierten unendlich wiederholten schnellen Griffe. Souverän, mit Würde. Sein Partner strahlt. Wird die Maschine doch nach jedem Getränk

kurz gewischt und poliert. Team. Längst widmet sich ihr Dompteur der nächsten Order. Oft kennt er sie vorher. „Aushilfe“ hat er in seinem jahrzehntelangen Dienen nie gehört. Sicher trinkt er nicht, raucht sowieso nicht, verfügt über die stoische Gelassenheit eines Trentiner Muli. Urlaub kennt er nicht, er war schon immer da. Der Espresso war gut, man sieht sich wieder. Sicher.

Die Kaffeedosierung

Das Ermitteln der richtigen Siebgröße

Die Pulvermenge, die man in ein Espressobrühsieb dosiert, hängt zunächst vom Volumen, also der Größe des Brühsiebes ab.
Für die Brühung muss berücksichtigt werden, dass Wasser den Weg des geringsten Widerstandes wählt. Füllt man zu wenig Espressopulver in das Brühsieb, wird der Kuchen aufgespült werden, der Espresso ungleichmässig extrahiert.
Da das Pulver in Kontakt mit Wasser 2-3 mm quillt, wird zuviel Kaffee die Dusche (das Verteilersieb am Gruppenkopf), die das Wasser gleichmässig auf dem Kaffeekuchen verteilen soll, blockieren. Als Ergebnis wird das Wasser sich einen Gang durch den Kaffeekuchen bohren, einige Teile des Kuchens überextrahieren, einige gar nicht.
Das heisst, dass wir auf wertvolle Aromen verzichten, im Tausch mit Bitterstoffen, die bei der Überextraktion in die Tasse gelangen.

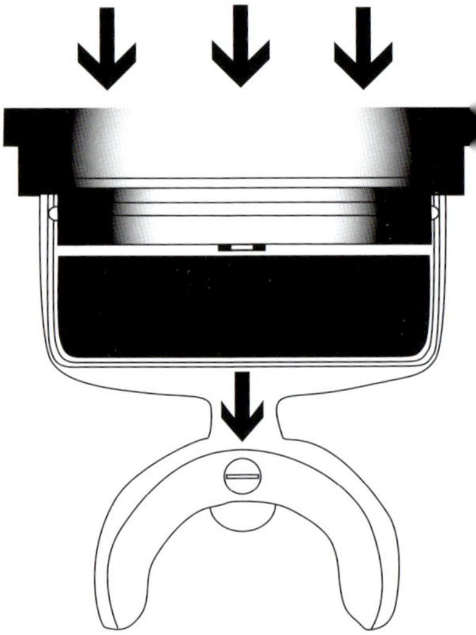

Ideale Füllmenge
Abstand zur Dusche ist korrekt

Die Siebe der verschiedenen Hersteller sind unterschiedlich gross.

Einzel- Doppel- Reinigungssieb

Die Methode, die richtige Kaffeeportion des entsprechenden Siebes zu ermitteln, ist folgende:
Man befüllt das Sieb mit einer Pulvermenge, die vorher mit einer Grammwaage abgemessen wurde, z. B. 16g für ein Doppelsieb, eine meist schon zu grosse Menge.
Wenn das Kaffeepulver gleichmässig und hart angepresst wurde, montiert man den Siebträger in die Gruppe. Bevor man jedoch die Brühung mit der Espressotaste startet, dreht man den Siebträger wieder heraus und betrachtet den Kuchen. Ist ein Abdruck von der Dusche oder der Schraube auf der ebenen Oberfläche des trockenen Kuchens zu sehen, ist die Kaffeepulvermenge zu hoch.
Jetzt reduziert man die Menge solange in kleinen Schritten (0,5 g-weise), bis kein Abdruck mehr zu sehen ist.
Dies ist die exakte Füllmenge des verwendeten Siebes.
(siehe Zeichnung – korrekter Abstand zwischen Dusche und Kuchen)
Wird die Mahlung gröber eingestellt weil der Espresso zu langsam läuft, passiert das Gegenteil. Die Portion erhöht sich und man muss reagieren.

Mühlen können sich durch längeres Arbeiten erhitzen und das Kaffeepulver erwärmen.

Es gibt drei Möglichkeiten zu dosieren

1. Methode

Man schaltet die Mühle ein und mahlt nur gerade soviel, wie für den nächsten Espresso benötigt wird. Dann transportiert man mit Hilfe des Dosierhebels den gemahlenen Kaffee in das Brühsieb. Dies erfordert ca. 5-6 maliges Betätigen des Hebels, um den Kaffee vollständig aus dem Dosierbehälter ins Sieb zu befördern. Der Kaffee wird mit dem kleinen Finger der rechten Hand gleichmässig verteilt und das überschüssige Kaffeepulver in den Dosierbehälter zurückgestreift. Diese Methode erfordert viel Übung, da die Menge über das menschliche Auge bestimmt wird, hat aber den Vorteil, dass kein Kaffeepulver vorgemahlen wurde.
Diese aufwendige Methode, konstant und geübt angewendet, bringt optimale Espressoqualität, dicke rotbraune crema und ein unvergleichliches Geschmackserlebnis.

Dosierstern

Mahlung beginnt

Mindestfüllmenge des Behälters

Nachteil:

- Das Dosieren per Auge erfordert Übung, am Besten mit einer Grammwaage, da der Parameter der Dosierung unbedingt konstant gehalten werden muss.
- Die meisten Mühlen erhitzen sich durch häufiges Ein- und Ausschalten und erwärmen damit das Mahlgut.

Dies dauert etwas länger als die herkömmliche, schnellere Methode (*siehe 3.*).

2. Methode

Es sind bereits Mühlen erhältlich, die portionsweise frisch mahlen. Allerdings muss darauf geachtet werden, dass die Dosierungen bei Mahleinstellungsänderungen konstant bleiben, eventuell müssen sie nachjustiert werden.

Viele dieser Mühlen dosieren nach Zeit, d.h. die Dosiermenge wird nicht über Volumen oder Gewicht ermittelt sondern durch die Laufzeit der Mühle.

Läuft die Mühle zum Beispiel 5 Sekunden, transportiert sie direkt die Menge, die sie dann gemahlen hat über eine kleine Transportbrücke aus der Mühle heraus und das Pulver fällt in den Siebträger. Diese Mahlzeit muss dann mit der Pulverportion durch eine Grammwaage ermittelt werden. Gute Mühlen für Espressofrischmahlungen sind sehr exakt in der Dosierung, wenn sie immer den gleichen Mahlgrad mahlen. Verändert sich aber der Kaffee (Kaffee ist hygroskopisch) verändert sich auch die Laufzeit. Also muss eine Mahlgradkorrektur vorgenommen werden.

Wenn man diese Mühlen dann feiner oder gröber stellt, verändern sich leider bei vielen auch die Dosiermengen. Das hat folgenden Grund: Wenn eine Mühle korrekt eine bestimmte Mahlung über Zeit (z.B. 5 Sekunden) dosiert, verringert sich die Menge, die gemahlen werden kann, wenn die Mühle feiner mahlen soll. Sie hat nämlich

Hebel einmal ziehen,

dann loslassen

mehr Arbeit mit feineren Mahlungen als mit gröberen. Bekommt man weniger Kaffee mit der nun feineren Mahlung, muss die Mahlzeit erhöht werden um den Parameter Dosierung konstant zu halten.
Wird die Mahlung gröber eingestellt weil der Espresso zu langsam läuft, passiert das Gegenteil. Die Portion erhöht sich und man muss reagieren.

3. Methode

Die Standardmethode Espressopulver zu dosieren, geht über den Dosierbehälter der Espressomühle. Dies ist ein Zylinder, der eine Pulvermenge von 150-200 g vorgemahlenen Kaffee fassen kann.
Die Dosierung, die mittels eines Kammersystems über Volumen funktioniert, ist sehr genau – vorausgesetzt der Behälter ist sauber und der Dosierhebel wird gleichmässig gezogen, – und erfordert kein grosses Training. Diese Kammern sehen von oben betrachtet wie ein Stern aus. *(siehe Foto)*
Der Abstand zwischen den einzelnen Fächern bestimmt, welche Grammmenge für einen Espresso dosiert wird. Die Mengenveränderung nimmt man in der Mitte des Sterns an der hierfür vorgesehenen Einstellschraube vor. Hat man diese Schraube verstellt, muss man erst einmal 6-7 Portionen aus dem Dosierbehälter portionieren, bevor sich die Veränderung in allen Fächern des Sternes bemerkbar macht.
Zieht man zweimal am Dosierhebel, erhält man die Portion für einen doppelten oder zwei Espressi.
Das Ziehen des Hebels muss zügig und bis zum Anschlag geschehen *(siehe Foto)*
Danach muss der Hebel losgelassen und nicht zurückgeführt werden. Dieses Zurückschlagenlassen befördert auch den letzten Rest der Espressoportion aus dem Sternfach. *(siehe Foto)*
Die Dosierung ist erst genau, wenn der Dosierbehälter etwas über alle Sternfächer befüllt ist, sonst erhält man durch zu geringen Eigendruck zu wenig Pulver.

Der Nachteil dieses Systems:

- Espresso wird erst zum perfekten Produkt, wenn die Mahlung nicht älter als einige Minuten alt ist.

Nur weiss man nie, ob der gemahlene Kaffee auch gleich verbraucht wird, oder ob er für die nächste halbe Stun-

Das Einstellen der Mühle,

der geeigneten Mahlung

ist kein einmaliger Vorgang.

Mindestfüllmenge

de, die nächsten Stunden oder bis zum nächsten Tag steht. Einige dieser Mühlen befüllen mittels eines Sensors immer automatisch den Dosierbehälter. Diese Systeme sollte man aber vermeiden, weil man nie daran denkt, gegen Ende des Tagesgeschäfts die Automatik auszuschalten.
Die einzige Möglichkeit ist, die Mühle immer nur so voll zu mahlen, dass gerade das Dosiersystem bis über die Kammern gefüllt ist und dann abzustellen.
Kaffee, der bis zum Feierabend noch im Behälter geblieben ist, muss entsorgt werden.

Verteilung des Kaffees und Anpressung

Ist der Siebträger erst mal aus dem Gruppenkopf montiert, müssen alle Arbeitsschritte so schnell wie möglich, allerdings trotzdem sorgfältig durchgeführt werden.

Die Kunst des Portionierens besteht darin, zu gewährleisten, dass alle gewünschten Stoffe aus dem gesamten Kaffeemehl in Wasser gelöst werden

Der Siebträger verliert schnell Wärme bei Raumtemperatur und würde durch Abkühlung des Brühwassers die Brühtemperatur senken.
Wasser sucht sich immer den Weg des geringsten Widerstandes, natürlich um so stärker, wenn es unter hohem Druck durch einen fest komprimierten Kaffeekuchen gleichmässig gepresst werden soll.
Um zu gewährleisten, dass es alle gewünschten Geschmacksstoffe aus dem gesamten Kaffeemehl zieht und alle unerwünschten Stoffe im Kaffeekuchen zurückbleiben, muss ihm ein gleichmässiger Widerstand durch den Kaffeekuchen geboten werden.
Dieser wird allein durch den barista erzeugt.

Wenn wir die richtig bemessene Menge Kaffee in den Siebträger gegeben haben, muss das Pulver sehr sorgfältig verteilt und angepresst werden.
Dies geschieht folgendermassen:
Das Pulver, das lose in einem kleinen Haufen im Sieb liegt, wird mit dem angewinkelten kleinen Finger 1-2 mal durch Vorwärts- und Rückwärtsbewegungen gleichmässig verteilt.
Bei der Frischmahlung und der Dosierung per Auge (die erste und etwas schwierigere, aber bessere Methode) wird nun auch die überschüssige Menge Pulver über den Rand zurück in den Dosierbehälter befördert.
Das erfordert viel Übung. Will man genau sein, sollte man mit einer Grammwaage üben, bis man die genaue und konstante Dosierung im Auge hat.
Von oben gesehen sollte die Portion schon jetzt eine gleichmässige Oberfläche gebildet haben.
Um jetzt die Kontrolle über eine gleichmässige (genau in Waage) und starke Anpressung des Kaffees zu haben, benutzt man einen sogenannten Espressostempel (Espressotamper).
Der Tamper wird vorsichtig und leicht in das Sieb gedrückt. Wichtig ist bei dieser ersten Bewegung, dass man sich darauf konzentriert, den Kaffee exakt in Waage anzupressen. Ist der Kaffee einmal angepresst, kann man dass nicht nachkorrigieren, weil sonst die Versiegelung an den Ränderen des Kuchens wieder aufreissen würde. Ergebnis wäre, dass sich das Wasser seinen Weg an den Rändern entlang sucht. In diesen Bereichen würde der Kaffee überextrahiert und bitter,

lose Füllung

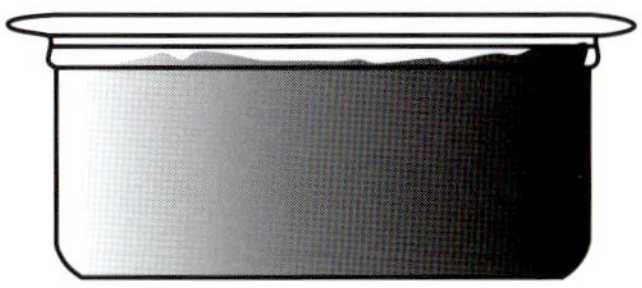
ungleichmässige Pressung

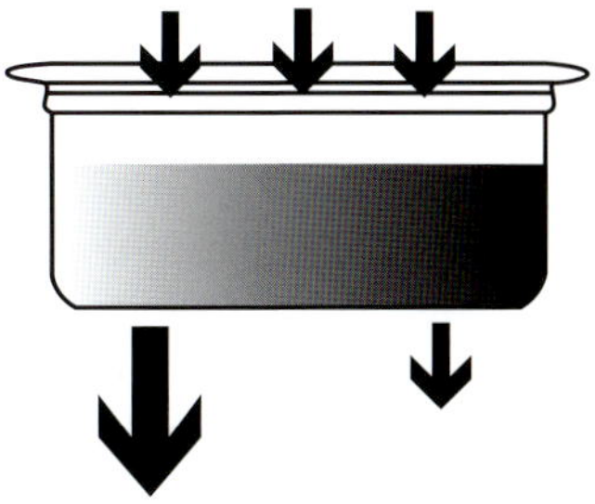
ungleichmässiger Auslauf

andere Bereiche in der Mitte des Kuchens fast gar nicht. Würde der Kaffee schräg angedrückt, wird das Wasser den Bereich durchfliessen in dem sich weniger Pulver befindet, also den niedrigeren Bereich des Kuchens.
Der Tamper wird nun vorsichtig, gerade herausgedreht. An den Rändern des Espressosiebes klebt noch Pulver, das man durch einen vorsichtigen Stoss des Tampers gegen den Siebträgerrand, in die Mitte des Kaffees befördert *(siehe unten)*.
Nun stellt man den Tamper auf den bereits angepressten Kuchen und drückt (und das muss man wirklich üben) absolut gerade von oben den Kaffee fest mit einem hohen Druck (ca. 20kp) an, ohne den Tamper hin und her zu drehen oder einseitig zu drücken. Je fester der Kuchen angepresst wird, desto mehr Widerstand wird das Wasser bekommen. Das erzeugt den Effekt, dass das Wasser alle Bereiche des Kuchens gleichmässig durchströmen muss.

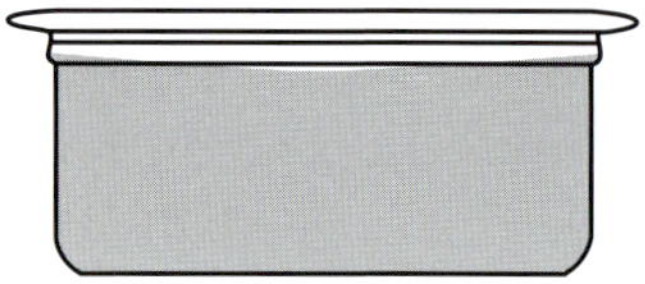

zu leicht angepresst

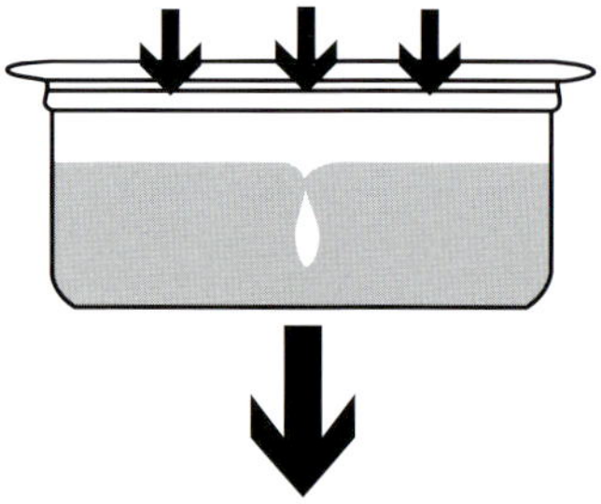

das Wasser bohrt sich durch

Um Konstanz beim Anpressen von etwa 20 Kilopond zu erreichen, sollte man mit einer Personenwaage üben.

perfekt angedrückt

Wird der Kaffee zu wenig angepresst, wird das Wasser ein Loch irgendwo an der Oberfläche des Kuchens reissen und sich einen Kanal vorbei am Kaffee durch den Kuchen graben.*(siehe Zeichnung)*
Einen zweiter Vorteil bietet das harte Anpressen. Je fester angepresst wird, desto länger dauert die Extraktion. Es wurde bereits erwähnt, dass die optimale Extraktionszeit für einen Espresso im Bereich von 25-30 Sekunden liegt. Also kann man mit einer festen
Anpressung auch ein wenig gröber mahlen und verliert so weniger Aromen in der Zeit von der Mahlung bis zur Brühung.

Die letzten Schritte:
Mit wenig Druck wird die Oberfläche durch Drehbewegungen glatt poliert und Pulverreste von oberen Rand des Siebes mit der Handfläche entfernt.
Bleibt Pulver auf den Rändern liegen, wird dieses auf Dauer die Dichtungen am Gruppenkopf porös machen, die Gruppe wird undicht werden.

Sieht man sich den so präparierten Kuchen an, muss es ein absolut glatter, gerade im Sieb liegender Kuchen sein, die Ränder dicht mit Pulver versiegelt.
Zur Kontrolle beim Üben stellt stellt man den Stempel auf den Kuchen. Er muss absolut gerade von allen Seiten auf dem Kuchen stehen.

Zusammenfassung der Arbeitsabläufe

1. Die Mühle einschalten und je nach Technik (Dosierbehälter oder Frischmahlung) nur die erforderliche Mahlmenge mahlen lassen.

2. Den Siebträger aus der Gruppe drehen.

3. Je nachdem wie lange die Maschine gestanden hat, eine kleine (zur Reinigung), oder eine grössere Menge Wasser (um die Temperatur zu senken bzw. zur Hebung der Gruppenkopftemperatur) aus der Dusche laufen lassen.

4. Den Kaffeesatz ausschlagen und das Brühsieb kontrollieren. Ist es mit Kaffeestaub verstopft, unter dem Teewasserauslauf reinigen und mit einem Lappen kurz auswischen.

5. Die Pulvermenge dosieren (optische Dosierung - Frischmahlung, automatische Frischmahlung, oder Dosierbehälter Espressomühle).

6. Den Kaffee anpressen.

7. Die Dusche mit wenig Brühwasser vorheizen.

8. Den Siebträger montieren und sofort die entsprechende Produktetaste drücken.

9. Tassen unter den oder die Ausläufe stellen.

10. Auslauf bzw. Brühzeit beobachten.

11. Erst nach Prüfung der optischen Qualitätskriterien (Auslaufzeit,Farbe, Aussehen der crema) sofort servieren.

überextrahiert, zu viel Wasser

überextrahiert

unterextrahiert

Mühle und Mahlgradkontrolle

Wie im Kapitel *Umwelteinflüsse* schon erklärt, könnte man mit viel Sorgfalt und technischen Voraussetzungen alle Parameter der Espressobrühung kontrollieren. Nur nicht einen der wichtigsten Parameter, nämlich die Extraktionszeit, die durch die Mahlung bedingt ist.

Da der Kaffee sich durch das Altern, durch Wärme- und Feuchtigkeitseinflüsse ständig in seinem Verhalten zwischen den Mahlscheiben und in gemahlenem Zustand verändert, verändert sich auch die Kontaktzeit (Extraktionsqualität) mit dem Wasser sowie auch die Angriffsoberfläche, die von den einzelnen Kornpartikeln dem Wasser geboten wird.

Je feiner der Kaffee gemahlen ist, desto grösser wird die Oberfläche der Mahlung und das Wasser kann wesentlich mehr Partikel umspülen und Farbe, Aromen, aber auch bei zu feiner Mahlung unerwünschte Bitterstoffe lösen.

Die Verteilung der Grösse der verschiedenen Körner spielt ausserdem eine wichtige Rolle. Variieren die Körner durch abgenutzte, sprich stumpfe Mahlscheiben in ihrer Grössenverteilung zu stark, werden die Extraktionen auch sehr unterschiedlich in ihrer Qualität. Stumpfe Mahlscheiben produzieren vor allem einen hohen Anteil von feinsten Staubpartikeln. Diese verlieren sofort an Aromen und können in zu hoher Menge die Brühsiebe verstopfen. Die Cremabildung wird ausserdem reduziert.

Stumpfe Mahlscheiben müssen länger drehen, um eine gewisse Pulvermenge zu mahlen, was die Mahlung zusätzlich aufheizt und Aromen kurz vor der Brühung aus dem Kaffee treibt.

Also ist eine regelmässige Kontrolle durch einen Servicetechniker unbedingt wichtig für die Qualität des Espresso. Stumpfe Mahlscheiben mahlen Kaffee zwar noch, aber eher könnte man das zerquetschen, als gleichmässig schneiden nennen.
Allerdings muss die Mahlung einen gewissen Teil an Staub beeinhalten, dieser bildet nämlich u.a. die Musterung (Tigerstreifen) im perfekt extrahierten Espresso.
Als Standardwert sollte man den Espresso in einer Zeit von 25-30 Sekunden gemessen vom Einschalten der Taste bis zum letzten Tropfen extrahieren *(siehe Foto)*.

Kontaktzeit des Wassers mit Kaffeemehl ist die Extraktionszeit.
In dieser Zeit werden die gewünschten Stoffe im Wasser gelöst.

Ist die Mahlung zu grob, beschleunigt sich die Extraktionszeit.
Ergebnis ist ein unterextrahierter Espresso mit wenig Aroma, wenig Fülle und einer dominierenden Säure.
Als sichtbares Zeichen erhält man eine helle crema, die schnell zusammenfällt *(siehe Foto Mahlung zu grob, Espresso unterextrahiert)*.
Ist die Mahlung zu fein, verlangsamt sich die Extraktion.
Ergebniss: Bitterer, wässriger Espresso.
Optisches Zeichen ist eine dunkelbraune crema, die weisse Markierungen oder Löcher in der crema zeigt *(siehe Foto Mahlung zu fein, Espresso überextrahiert)*.

perfekter Espresso

Reinigung der Espressomaschine

Wie bereits gesagt, enthält Kaffee Öle, die teilweise in Espresso extrahiert werden, sich aber auch überall im Kontakt mit der Maschine und der Mühle festsetzen.
Diese Öle oxidieren gerade dort, wo sie noch zusätzlich Wärme bekommen, sehr schnell.
Ein unangenehmer, ranziger, bitterer Geschmack rührt oft von nicht richtig gereinigten Maschinen.
Um dies zu vermeiden, müssen Maschinen sehr oft und sorgfältig gereinigt werden, um Qualitätsveränderungen aus diesem Grund vollständig auszuschliessen.
Die Reinigung während des Tages beschränkt sich auf periodisches Ausspülen und Auswischen der Brühsiebe.
Wurden viele Espressi gemacht, geht man folgendermassen vor: Die Siebträger werden aus den Gruppen gedreht und die Brühsiebe sowie die Halterungsfedern herausgenommen.
In die Siebträger werden sogenannte Blindsiebe gelegt, Metalleinlagen, wie Brühsiebe ohne Löcher. Dann werden die Siebträger eingehängt und die manuellen Tasten mehrmals ein- und wieder ausgeschaltet.
Das reinigt die Maschine zwischendurch.

Für die abendliche, gründliche Reinigung geht man folgendermassen vor:

- Die Siebträger herausnehmen, Halterungsfedern und Brühsiebe grob reinigen und in einem Behälter mit Kaffeemaschinenreiniger über Nacht einlegen, damit alle Rückstände gelöst werden.

- In die Siebträger Blindsiebe einlegen und diese mit einem Kaffeelöffel Reinigungspulver befüllen.
  Die Siebträger montieren.

- Mehrere Male (10-12 mal)eine Produkttaste oder die manuelle Taste betätigen. So werden die Leitungen sowie der Gruppenkopf gereinigt.

- Den Siebträger herausnehmen und die Ränder des Gruppenkopfes bei fliessendem Wasser mit dem Siebträger reinigen.

- Blindsiebe unter dem Brühwasser ausspülen und den Siebträger montieren.

- Wieder die Tasten 10-12 mal drücken, um verbliebene Reinigungsmittelreste aus dem System zu spülen.

- Siebträger herausnehmen und Brühwasser durch die Dusche laufen lassen.

- Den Gruppenkopf an den Dichtungen mit einer Bürste reinigen.

- Die Siebträger über Nacht zu den Brühsieben einlegen. Die Kunststoffgriffe ausserhalb des Wassers stehen lassen, da diese sonst auf Dauer schaden nehmen.

- Die Schrauben der Duschen abschrauben und das/die Duschsieb(e) mit der Befestigungsschraube auch über Nacht einlegen. Manche Maschinen haben noch lösbare Metallblöcke über den Duschsieben. Diese sollten auch über Nacht eingelegt werden.

- Am nächsten Tag die Teile gründlichst mit klarem Wasser spülen und wieder montieren.

Es empfiehlt sich immer einige Ersatzschrauben zu haben, für den Fall, dass diese im Abfluss verloren gehen, denn ohne diese Schrauben funktioniert die Gruppe nicht.
Ein kritischer und wichtiger Punkt sind die Bohnen- und Dosierbehälter. Da auch sie mit Kaffeeölen der Bohnen und des Mahlgutes in Kontakt kommen, sollte man sie jede Woche mit einem Seifenreiniger von diesem Öl befreien.
Manche Behälter sind sogar spülmaschinengeeignet. Nicht zu vergessen sind die Tassen, die ständig kontrolliert werden müssen. Manchmal ist die Ursache für einen schlechten Espresso schlicht und einfach ein Fremdgeruch der Tasse (z.B. Spülmaschinenwasser nicht oft genug gewechselt).

Welche Technik wofür?

7.

Welche Technik wofür?

Um die richtige Entscheidung zu treffen, welche Technik für welchen Einsatz die empfehlenswerteste ist, folgt hier ein Leitfaden:

Im Privatbereich

Die Anzahl der technischen Möglichkeiten ist hier am grössten, vom einfachen Porzellanfilter bis zum Vollautomaten – es gibt alles. Aber nicht alles ist überall geeignet. Die erste Tasse morgens muss meist schnell gehen – da scheidet die Siebträgermaschine schon aus – sie braucht Zeit um aufzuheizen und der erste Kaffee schmeckt nicht. Neben den beschriebenen Aufgussmethoden empfiehlt sich ein Vollautomat, aber hier gilt wie so oft: der Beste ist gerade gut genug. Aber auch den erheblichen Reinigungsaufwand und die Filtertechnik beachten.

Im Büro, im Betrieb

Eine wirklich gute Tasse Kaffee schmeckt nicht nur, sie schafft gute Laune, motiviert. Ein Gedanke, der an vielen Arbeitsplätzen noch nicht beachtet wird – wie oft bekommt man abgestandenen Kaffee mit Fettaugen, warm, aber nicht heiss. Hier sollte man wirklich etwas Aufwand treiben – schliesslich sitzen viele acht Stunden oder länger – und es freuen sich neben den Mitarbeitern die Gäste! Es sind eine ganze Reihe von Vollautomaten erhältlich, mit unterschiedlicher Ausstattung. Zu beachten ist, dass die Leistung sich nach dem durchschnittlichen Tagesmaximum richten sollte. Die Maschine sollte zu etwa 70-80 Prozent ausgelastet sein. Es empfiehlt sich aber, alle Mitarbeiter gründlich mit der Maschine vertraut zu machen – der Kaffee schmeckt besser und die Maschine lebt länger, besonders, wenn der Letzte gründlich reinigt. Wichtig ist hier, wie im Cafébetrieb, die Bohne auf die Maschine abzustimmen und dabei zu bleiben. Da der Kaffee aus diesen Maschinen etwas extraktreicher ist, sollte man auch immer Wasser dazu trinken.

Motivation und Leistungsfähigkeit der Mitarbeiter lassen sich durch frischen, gut zubereiteten Kaffee erhöhen. Man sollte auf das lange Stehenlassen in Thermoskannen verzichten.

Im kommerziellen Bereich

In den letzten Jahrzehnten drang die Kaffeezubereitung, damit auch die Kaffeemaschine in nahezu alle Lebens- und Berufbereiche ein. An der Tankstelle, beim Friseur, im Buchladen und im Kaufhaus – Kaffee gibt es überall. Die Industrie hat sich schnell darauf eingestellt und für alle Bedürfnisse die richtige Technik und Betriebsgrösse bereitgestellt.

Was gibt es hier zu beachten?

Zunächst die Technik:

Ausser für die Gastronomie kann man hier nur einen geeigneten Vollautomaten empfehlen. Die sogenannte Tassenleistung sollte durchschnittlich zu 70-80% ausgelastet sein. Die Maschine ist dann gleichmässig durchgewärmt, die Investition rentiert.

In allen kommerziellen Bereichen gilt einmal mehr:

Sauberkeit, Sauberkeit und Pflege! Die Reinigungsintervalle genau beachten, und lieber einmal öfter durchspülen. Für hochwertige Gastronomiemaschinen rechnet sich ein Vollwartungsvertrag nahezu immer. Schon bei der Wahl der Maschine den Service miteinbeziehen. In jedem Fall sollte man eine kleine Ersatzmaschine bereitstehen haben – ein Vollausfall, meist zur Hauptbetriebszeit, kann teuer werden. In jedem Falle muss ein geeigneter Wasserfilter vorgeschaltet und korrekt eingestellt werden. Man schmeckt es nicht nur in der Tasse, es schont auch die Maschine, damit die Kosten. Und wenn Kosten erwähnt werden: nie am Kaffee selbst sparen! Der höhere Einkaufspreis für ein sehr gutes Produkt macht sich nur in wenigen Cent pro Tasse bemerkbar, aber meist erheblich im Geschmack. Der Kunde merkt es und bestellt vielleicht die berühmte zweite Tasse, oder er kommt wieder.

Lieber wechsle ich meine Geliebte als mein Kaffeehaus.

Stendhal

Cafe
URANIA
FAEMA

Eine weitere Überlegung: Front- oder Backofficemaschine?

Um den Genuss des Kaffees und seine Zubereitung in den Mittelpunkt zu rücken, werden die Frontmaschinen wieder kommen.

Grundsätzlich gilt: Was zu sehen ist, reizt zum Kauf. Je wichtiger der Kaffee im Betriebszweck, desto stärker sollte er auch optisch wahrnehmbar sein. Hier fliessen damit auch Grösse, Aussehen und Stil mit in die Planung und Kauf-Entscheidung ein. Für den wahren italophilen Espressofan geht nach wie vor nichts über den von seinem „barista", dem Wetter und sonstigen Widrigkeiten des Lebens angepassten Espresso aus dem Halbautomaten, der Siebträgermaschine.
Warum? Zunächst steht hier ein Mensch, der sein Wissen, sein Können und seine Arbeit aufwendet, damit eine sehr persönliche Leistung bietet. Ein unschlagbarer Vorteil gegenüber den heute im Produkt oft gleichwertigen Vollautomaten. Dazu wirkt die Beobachtung des Arbeitsablaufes: das Mahlen, Portionieren, das Einsetzen des Siebträgers, der Geruch und die Geräusche.
Doch Vorsicht! Nicht umsonst ist der „barista" in Italien ein Lernberuf! Ausser einem soliden Grundwissen gehört viel Übung dazu, um neben einem guten Espresso oder Cappuccino auch eine gute Figur abzugeben. Die Siebträgermaschine kennt auch keine Stosszeit. Auch der Italiener wartet geduldig, die Qualität ist ihm wichtig. Die reine Produktionszeit des Vollautomaten ist zwar genau solange wie die des Halbautomaten, aber es lassen sich inzwischen eine ganze Reihe von anderen Handgriffen erledigen. Und ein Produkt kommt genau wie das Andere, eben standardisiert – ein grosser Vorteil in Zeiten von Aushilfen und Fachkräfte-Mangel. Ein weiterer ist die Kassenanbindung bzw.Kontrolle. Aber auch hier haben die Hersteller nachgebessert, fast alle Siebträgermaschinen bieten digitale Erfassung, auf Wunsch auch die externen Mühlen.

Die Beurteilungskriterien für Kaffee

8.

Beurteilungskriterien

Um eine Tasse Kaffee oder Espresso zu beurteilen, unterscheidet man zunächst drei fundamentale Kriterien:

- das Aroma, die Würze
- die Säure
- den Körper, die Fülle

Die Erntemengen und Qualitäten fallen von Jahr zu Jahr verschieden aus, Kaffees müssen also aufwendig „geblendet“ werden.

Dieses komplexe Zusammenspiel ergibt den Gesamteindruck.
Da die menschliche Zunge zwar nur vier Richtungen: sauer – süss – bitter – salzig, aber im Zusammenspiel mit der Nasen- und Mundschleimhaut eine geradezu ungeheure Vielfalt an Nuancen wahrnehmen kann, ist eine ebenso reiche Sprache zur Beschreibung notwendig. Um dies im kommerziellen Bereich vereinfachen und standardisieren zu können, einigte man sich auf ein relativ begrenztes Vokabular.

Das Aroma

Die sensorische Wahrnehmung des Aromas setzt sich aus der Geruchs- und Geschmackswahrnehmung zusammen und umfasst die Summe der Eigenheiten des Geschmacks. Dabei spielt das Erinnerungsvermögen an Einzelwahrnehmungen ebenso wie die im Limbischen Systems des Gehirns gespeicherten Verbindungen mit Materialien und Orten eine Rolle.
„Das schmeckt wie bei Muttern“ bezeichnet eben sowohl eine aromatische Qualität, als ihre emotionale und örtliche Zuordnung.
Und Kaffee ist ein emotionales Getränk.

Die Säure

Besser: die Säuren, denn man hat weit über 80 davon isoliert.
Je nach Sorte, Herkunft, Ernte und Röstung spielen sie beim Geschmackserlebnis eine wichtige Rolle: sie verleihen Frische und Lebendigkeit, sie binden feine Fruchtaromen – wieder ähnlich dem Wein.
Insbesondere bei Arabicasorten werden Zusammenspiel und Feinheit hoch bewertet und in einer ganzen Skala von Eigenschaften beschrieben.

Der Körper, die Fülle

Ein Körper hat Volumen, dieser Eindruck auf die Mundschleimhaut und die Geschmacksknospen ist hier gemeint, sowohl Intensität, wie Dichte oder Fülle des Geschmacks. Diese Viskosität hängt von der Menge der Kaffeeöle und festen Substanzen in einer Flüssigkeit ab. Vergleichen Sie einen Schluck Kaffee mit einem Schluck Espresso! „Good body" meint gute Fülle, „nearly no body" wenig Körper.

Der Gesamteindruck

Alle drei Kriterien bilden den Gesamteindruck. Um die Verständigung über die Tassenqualität zu ermöglichen, hat die ICO, die Internationale Kaffeeorganisation eine verbraucherorientierte Terminologie entwickelt, die den Gesamteindruck spiegeln soll.

Der Duft

- animal-like: tierartig, wie nasses Fell oder Schweiss
- ashly: wie kalte Asche, ein Attribut der Röstung
- burnt, smoky: also rauchig, leicht verbrannt, wie Holz, öfter bei dunklen Röstungen zu finden
- chemical, medicinical: krankenhausartig, oder wie in der Apotheke, auch „Rio-Geschmack", da er bei bestimmten brasilianischen Kaffees vorkommt. eher negativ
- chocolaty: schokoladig, duftet nach Kakao, süsslich

- caramelly: wie weicher, karamellisierter Zucker
- malty, toastlike: wie geröstete Haferflocken, frisches Brot
- earthy: erdig, feuchter Boden, Laub, eher negativ
- floral: wie Löwenzahn, Jasmin, angenehme Säure
- fruity, citric: Zitrus, angenehme Säure
- grassy, green: unreife Früchte, frisches Gras, Blätter
- nutty: nussig, frische Walnuss
- rancid,rotten: ranzige Fette, Öle, faulig, negativ
- rubberlike: wie Kleber, heisser Gummi, typisch für manche Robustas
- spicy: Zimt, Gewürznelken, Curry, Piment u.ä.
- tobacco: wie frischer Pfeifentabak
- winy: wie fruchtiger Wein, hohe feine Säuren
- woody: frisch gespaltenes Holz, fein und positiv

Diese Kurzdarstellung gibt einen kleinen Einblick in die schwierige Arbeit der Tester, denn gerade von bekannten Mischungen wird geschmackliche Kontinuität erwartet.

Der Geschmack

- acidity: feine, angenehme Säuren sind typisch für Arabicas, nicht zu verwechseln mit der unangenehmen Säure von überfermentierten Kaffees.
- bitterness: wichtig, durch eine Reihe von Substanzen bedingt, kann durch Röstung und Zubereitung verstärkt werden
- sweetness: die Karamellisierung von Zuckeranteilen, positiv
- salty: selten, eher unerwünscht
- sour: wie Essigessenz, unangenehm, bei überfermentierten Kaffees häufig

Der Körper, die Fülle

- good body, nearly no body: ein volles, angenehmes oder ein leeres, wässriges Grundgefühl im Mundraum
- adstringency: nach dem Schlucken auftretendes Gefühl von medizinischen oder holzigen, zusammenziehenden Tönen, oft bei Robustas, negativ

Checkliste:
Wenn der Kaffee nicht schmeckt

9.

Wenn der Kaffee nicht schmeckt

Hier sind die Ursachen nach der Häufigkeit ihres Vorkommens geordnet – ob für Brüh-, Filter-, Kolben- oder Espressoverfahren.

Man sollte aber beachten, dass das eigene Geschmacksempfinden von sehr vielen Faktoren beeinflusst wird (Tageszeit, persönliches Befinden, kurz zuvor genossene Speisen und Getränke, Rauchen etc.), im Zweifelsfalle also eine zweite Person mittesten lassen.

wenig Aroma

- Kaffeedosierung zu niedrig
- Röstkaffee zu alt (Aromen sind flüchtig!)
- Falsche Verpackung (Kaffeearomen!)
- Falsche Lagerung (offen, zu warm)
- Bei Vollautomaten, Mühle zu heiss
- Mahlung zu alt (Aromen sind flüchtig!)
- Röstung zu hell
- Mahlung zu grob (Extraktionszeit zu kurz)
- Wasserhärte zu hoch (über 6°dH)
- Zu viel Wasser
- Bei Espressomaschinen und Vollautomaten: Brühdruck zu niedrig (unter 7 bar)

Fette Speisen, hochprozentiger Alkohol und starke Gewürze beeinflussen den Geschmack besonders stark.

zu sauer

- Kaffee zu hell geröstet
- Schnellröstung für Espresso oder Kolbenkaffee verwendet (bei dieser Röstung werden zu wenig Säuren abgebaut)
- Kaffee reagiert auf Pre-Infusion, einfach „Vorbrühen“ abschalten
- Brühtemperatur zu niedrig
- Säureintensive Arabicasorten in der Mischung
- Mahlung zu grob
- Wasserreaktion zu sauer (weit unter pH 7,0)
- Besonders bei Vorratsbrühung: steht zu lange
- Kaffee oxidiert schnell mit Sauerstoff

zu bitter

- Sehr dunkle Röstung, sogar für Espresso
- Zu viel Robusta oder minderwertige Robusta in der Mischung
- Brühtemperatur zu hoch (über 95°), häufig auch punktuell bei Maschinen
- Mahlgrad zu fein (Bitterstoffe mitgelöst)
- Extraktionszeit zu lange
- Unzureichende Reinigung (alle Teile, die mit Kaffee in Berührung kommen, prüfen)

Fremdgeschmack

- Mindere Bohnenqualität (Fehler)
- Röstkaffee zu alt, evtl. oxidiert (ranzig)
- Verschmutztes, stark gechlortes Wasser, Filter prüfen
- Verschmutzte Wasserleitungen (Rost,Kupfer)
- Bohnenbehälter, Mühle nicht gereinigt, oxidierte Fette, Öle und Wachse
- Maschine verschmutzt (Siebe und Ausläufe), Rückstände
- Nach der Reinigung ungenügend klargespült
- Stinkerbohne (seltener Verarbeitungsfehler beim Rohkaffee)

wenig bis keine Crema/Schaum

- Röstkaffee zu alt
- Mahlung zu grob (zu schnelle Extraktion)
- Zu lange und warm gelagert
- Falsche Verpackung
- Vorgemahlenenen Kaffee verwendet
- Mahlung zu fein (zu langsame Extraktion)
- Wasser zu weich (unter 4°dH), Filter prüfen
- Maschine verunreinigt (Kaffeeöle)
- Tassen verunreinigt, fettig

Crema löst sich schnell auf

- 100% Arabicakaffees sind nicht so konsistent wie Mischungen mit Robusta
- Mahlung zu grob
- Mahlung zu fein
- Brühtemperatur zu hoch (besonders bei Schnellröstungen)
- Espressotassen kalt
- Espressotassen viel zu heiss
- Bei Maschinen: Wasserdruck zu niedrig

Crema gleichmäßig hell (ohne Tigerstreifen)

- Röstkaffe zu alt
- Röstung zu hell
- Brühtemperatur zu niedrig
- Mahlgrad zu grob

perfekter Espresso

Crema sehr dunkel, z.B. am Rand

- Brühtemperatur zu hoch
- Mahlung zu fein

überextrahierter Espresso,
Mahlung zu fein

überextrahierter Espresso,
Brühtemperatur zu hoch

unterextrahierter Espresso,
Mahlung zu grob, Wasser zu kalt

Domingo Barahona GUATEMALA ANTIQOUE PASTORES Indian Myso
Plantation Peaberry Haiti 5 X trie a la main Porto Rico Fino A Guatem
Antigua Volcano verde Santo Domingo paradulce triple A SANTOS Mo
CARMELO CR 19 CORRADO Guatemala Flor de Coban Caracolito Ethiopian
Djimmah Gr.I Zimbabwe AA Kenia Massai AA Colombia Medellin excelso Top a
umatra dp. Arabica Mandheling Gr.I SULAWESI KALOSSI TORAJA GR.I Zambia
Papua New Guinea Plantation Ayiura peaberry Nicaragua strict
h grown Matagalpa / Jinotega Mexico Maragogype Liquidam
CLEAN GENUINE GUATEMALA ANTIGUA SHB BOURBON Java Arabica Kay
.B. Grade I Colombia Armenia Supremo Yemen mocha Fancy Ta
Kilimanjaro A Jamaica Blue Mountain UGANDA ARABICA BUGISU
Ethiopia Harrar Longberry GenuineAntigua Guatemala SHB Volcan de Oro Sur
Arabica Lintong Grade I Panama Boquete SHB Semi washed Brasil
ntos N.Y. 2screen 19 dulce Java Arabica Blawan W.I.B.Grade I Gu
Huehuetenango SHB Washed Ethiopian Mocca Yirgachefe Gr.I Sumatra Kupi L
COSTA RICA SHB GRANADA Galapagos Finca San Cristobal
rchment Pearl Bean Fully washed Burundi super Nicaragua shg Maragogype Aurora Pap
uinea Sigri A Gourmet Plantation PURE HAWAII KONA NO. I Haiti U
Timor First Quality Indian Valley Nuggets Brasil Santos Oberon 17

arica Tarrazu SantoDomingo Barahona GUATEMALA AN
ORES Indian Mysore Plantation Peaberry Haiti 5 X trie a la main Port
ino A Guatemala Antigua Volcano verde Santo Domingo paradulce trip
ANTOS MONTECARMELO CR 19 CORRADO Guatemala Flor de Coban C
Ethiopian Mocca Djimmah Gr.I Zimbabwe AA Kenia Massai AA Colombia Medellin
Top aged Sumatra dp. Arabica Mandheling Gr.I SULAWESI KALOSSI TORAJA GR
ambia AAA Papua New Guinea Plantation Ayiura peaberry Nica
strictly high grown Matagalpa / Jinotega Mexico Marago
Liquidambar MS CLEAN GENUINE GUATEMALA ANTIGUA SHB BOURB
a Arabica Kayumas W.I.B. Grade I Colombia Armenia Supremo Yemen
Fancy Tanzania Kilimanjaro A Jamaica Blue Mountain UGAN
ARABICA BUGISU AA Ethiopia Harrar Longberry GenuineAntigua Guatema
Volcan de Oro Sumatra Arabica Lintong Grade I Panama Boquete
mi washed Brasil fancy Santos N.Y. 2screen 19 dulce Java Arabica

Bibliographie

Ball, Daniela U.	Kaffee im Spiegel europäischerTrinksitten	1991
Banks, Mary	Kaffee – die schwarze Leidenschaft	1999
Bersten, Ian &Helen	Coffee floats – Tea sinks	1993
Boldt, Klaus-Jürgen	Kaffee Büchlein	1999
Böhning, Heiko	Buch vom Kaffee	1989
Bramah, Edward &Joan	300 Jahre Kaffeezubereitung	1989
Brenneisen, Wolfgang	Kaffee trinken	1995
Bürgin, Eugen, C.	Kaffee	1978
Del Sant, Adelaide	Le Caffettiere	1995
Eckert,Anneliese	Das kleine Kaffeebuch	1979
Edelbauer, Leopold	Alles über Kaffee....	2000
Ferre, Felipe	Kaffee- eine Kulturgeschichte	1991
Gutberlet, Ingmar	Cafe Kaffee Kult	2001
Heise, Ulla	Kaffee und Kaffeehaus	1996
Heisch, Annette	Lust auf Kaffee	1998
Hessmann- Kosaris, Anita	Kaffee – nicht die Bohne ungesund	2000
Isenbügel, Ewald	Der Kaffee und seine sachgemässe Zubereitung	1931
Illy, Francesco & Riccardo	Kaffee	1994
Illy, Andrea, Rinantonio Viani	Espresso Coffee	1995
Kaffee Hag, Allerley	Nützliches und Curioses	1927
Kolpas, Norman	Für den Connaisseur	1977
Karaoglu, Yasar	Kaffee Kult	2001
Lavazza	Caffè Espresso	2002
Leeb,Thomas	Das Kaffeehaus – von Bohnen und Maschinen	1997
Maassen, Carl Georg von	Rund um die Kaffeekanne	1930
Maronde, Curt	Rund um den Kaffee	1976
Osterbrauck, Cornelia	Kaffe von A-Z	1991
Pendergrast Mark	Kaffee	2001
Petzke, Karl &Slavin, Sara	Espresso Kultur und Küche	1994
Rava, Daniele	Il Caffe Kaffee	1995
Schomer, David,C.	Espresso Coffee	1996
Söhn, Gerhard	Von Mokka bis Espresso	1957
Strassburg, Horst	Das Kaffee- und Teebuch	1991
Unipart Media	Köstliches mit Kaffee	2000
Wilde, Cornelia	Mokka, Macchiato & Melange	1999
Zitek, Rudolf von	Kaffee, Tee, Kakao	1955

Thomas Leeb

1954 in Würzburg geboren, Studium der Philosophie und Psychologie in München. Durch Reisen und seinen ersten gastronomischen Betrieb 1978 begann er sich für Kaffee zu interessieren und verfügt heute über eine

bedeutende Sammlung an Technik, Grafik und Literatur rund um das Thema.

Sein Marketingunternehmen OFM GmbH organisiert u.a. Messen und Ausstellungen zum Thema Kaffee. Er betreibt das Fachgeschäft „Kaffee, Espresso & Barista" für Kaffeemaschinen und -technik in München. Dort finden auch zahlreiche Schulungen zum Thema statt.

Ingo Rogalla

1968 in eine Kölner Gastronomenfamilie geboren, begann seine Ausbildung als Restaurantfachmann. Erst seine Mitarbeit bei der Entwicklung einer Coffee-Shop Kette liess ihn dem Kaffee verfallen. Ausbildung bei Röstmaschinenherstellern, Röstern, Rohkaffeehändlern und Kaffeemaschinenherstellern vergrösserten sein Wissen und handwerkliches Können.

Seit dem Jahre 2000 leitet er das Kaffee Kompetenz Center der Schweizer Firma Schaerer, sensibilisiert und schult Kollegen, aber vor allem in zweitägigen Seminaren die Mitarbeiter von Firmen der gesamten Kaffeebranche.

Impressum

Autoren	Thomas Leeb, München/ Deutschland Ingo Rogalla, Moosseedorf/ Schweiz
Redaktion	Thomas Leeb
Fotos	Tom Kohues, München Blaser Kaffee, Bern/ Schweiz DreamTeam Produktion, Bergisch Gladbach
Grafik/ Satz	Nani Fischer von Weikersthal, München
Druck	Kessler Druck + Medien, Bobingen

Schlörstr. 11 · 80634 München · Telefon 089 - 16 43 27
printed in Germany
ISBN 3-9808584-0-5

Danke!

Ein Buch dieses Inhalts wurde in dieser Form bisher noch nicht veröffentlicht. Dafür bedurfte es umfangreicher Recherchen und Details, aber auch viel Unterstützung. So möchten wir uns hiermit herzlich bei allen bedanken, die uns inspirierten, Tipps gaben und uns in vielfältiger Weise unterstützten.
Besonders danken Thomas Leeb und Ingo Rogalla:
Udo Braun ■ Dirk Uhlenbruch ■ Giovanni Facin ■ Karl-Heinz Stockheim ■ Hans Tasma Karl Tausche ■ Stefan Sprengel ■ Rainer Clasen ■ Willem Boot ■ Antonio Benedetto Senior Eusebio Jorba ■ dem „La Spaziale"-Team, Spanien ■ Adelio Bernini ■ Samuel Zenger ■ Gisela & Hans Rogalla ■ Valentino Sergi ■ Karl-Heinz Glogowiec ■ Steffi Doerfler Olli Leeb ■ Nani Fischer von Weikersthal ■ Tom Kohues ■ Holger Welz ■ Ralf Breier, DreamTeam Production ■ Schaerer AG, Moosseedorf/ Schweiz ■ Blaser Kaffee, Bern/ Schweiz ■ Hans J. Wozniak